新音乐 新引力

素养本位的小学音乐大单元教学研究

王薇薇 主编

天津社会科学院出版社

图书在版编目（CIP）数据

新音乐　新引力：素养本位的小学音乐大单元教学研究 / 王薇薇主编. -- 天津 ： 天津社会科学院出版社，2025. 6. -- ISBN 978-7-5563-1095-1

Ⅰ. G623.712

中国国家版本馆 CIP 数据核字第 2025S7Q194 号

新音乐　新引力：素养本位的小学音乐大单元教学研究
XIN YINYUE XIN YINLI:SUYANG BENWEI DE XIAOXUE YINYUE DADANYUAN JIAOXUE YANJIU

选题策划：柳　晔
责任编辑：柳　晔
装帧设计：高馨月
出版发行：天津社会科学院出版社
地　　址：天津市南开区迎水道 7 号
邮　　编：300191
电　　话：（022）23360165
印　　刷：高教社（天津）印务有限公司
开　　本：787×1092　　1/16
印　　张：16
字　　数：230 千字
版　　次：2025 年 6 月第 1 版　　2025 年 6 月第 1 次印刷
定　　价：78. 00 元

　　迈入 21 世纪，课程改革进入新的阶段。党的二十大报告中明确指出："我们要办好人民满意的教育，全面贯彻党的教育方针，落实立德树人根本任务，培养德智体美劳全面发展的社会主义建设者和接班人，加快建设高质量教育体系，发展素质教育，促进教育公平。"随着新课程改革的深入推进，中国基础教育培养目标从原先的"知识本位"转向"素养本位"，核心素养作为一种全新的、具有深远影响力的教学理念应运而生。

　　在这样的教育改革发展背景下，教育专家们凭借深厚的理论功底和前瞻性的视野，与扎根一线的教师们紧密携手，共同致力于将先进的教育理念与丰富的教学实践深度融合，以高度的责任感和使命感，积极探索一条能够全方位促进学生核心素养蓬勃发展的教育新路径。其中，在单元教学理念的基础上，基于素养导向下的"大单元"教学模式已成为推动课程全方位改革的重要抓手。

　　音乐作为一门艺术课程，在核心素养教育中扮演着不可或缺的角色。音乐大单元教学，作为一种整合性、系统性的教学模式，在核心素养理念的浸润下，被赋予了更为深刻的内涵与使命，旨在通过精心设计的大单元教学框架，打破传统音乐教学碎片化的局限，全方位、多层次地挖掘音乐课程中的核心素养要素，使审美感知、艺术表现与文化理解等核心素养维度在教学过程中相互交织、协同发力。

　　本书聚焦于小学音乐课程领域，深入探究核心素养理念如何在音乐大单元教学中落地生根、开花结果。首先，从理论层面剖析素养本位的小学音乐大单元教

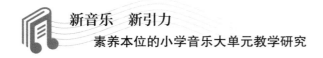

学，明确其在音乐学科中的应用内涵，为实践提供理论支撑。在此基础上，通过对教学模式的学科化构建，搭建了音乐大单元教学模式的基本框架，为教学实践提供了结构化的指导。进一步通过对教学成果的多维度分析，总结并探索单元教学实践的有效路径。同时，本书探讨了小学音乐与跨学科课程建设之间的联动与融合，开辟了音乐教学与其他学科教学相结合的新途径。在评价体系方面，本书提出了教学评价的变革与创新策略，以适应素养本位的教学需求。此外，通过对实现教学优化路径的探索，不断完善大单元教学体系，以提高教学的整体质量。对于实践过程中遇到的挑战，本书也进行了总结并提出了相应的应对策略，为未来音乐单元教学的发展开辟了新的领域。在理论上进行深入辨析的同时，本书亦注重实践上的推行，旨在更好地贯彻核心素养教育理念，促进学生全面和谐的发展。

在众多音乐教育专家及一线教师的倾力协助下，本书得以汇聚众智，凝结了资深音乐教师多年累积的教学研究成果。本书旨在从宏观角度出发，对小学音乐大单元教学实践提供指导性见解，为广大小学音乐教师群体提供一个详实可鉴的大单元教学模式。此书的出版将助力音乐教育的科学化与现代化进程。编辑过程中难免有所疏漏，衷心期待广大读者的批评与指正，以期为音乐教育领域的持续发展贡献力量。

在小学音乐教学这片充满希望与活力的园地里，核心素养理念正逐渐渗透并深刻影响着教学的每一个环节与层面，而音乐大单元教学则成为践行这一理念的重要舞台。指向学科核心素养的单元设计，是实现立德树人根本任务、推进素质教育发展、深化课程改革的重要举措，亦是确保学科核心素养得以有效落实的核心途径。

编　者

2025 年 1 月

目 录

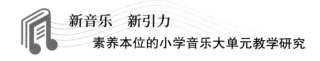

第一章

素养本位小学音乐大单元教学的
理论支撑

新版人民音乐出版社《音乐》教材的推出，标志着教学方式的重大转变，其中实施大单元教学模式成为核心创新点，如何在小学音乐课堂中通过实施大单元教学策略来构建新常态的教学方式，成为广大音乐教师需要深入探讨的问题。本书旨在探索和分析大单元教学模式，实践意义，归纳策略方法，确保新教材的教学理念得到充分体现和有效落实，为当前及未来的音乐教学提供新的视角和方向。

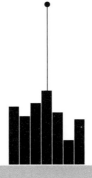

第一节

素养本位小学音乐大单元教学的内涵解析

随着《义务教育艺术课程标准（2022年版）》的推广实施，2024年秋季开学之际，人民音乐出版社出版的（简称人音版）新教材全面使用，义务教育开启了新课标、新教材、新课堂相互兼容的新时代。

在当前教育格局的演进中，我们愈发清晰地洞察到音乐的多重价值与深远意义。音乐绝不是艺术学科领域中的一种单纯形式，它更是一种极具力量的情感表达载体，能够细腻地抒发人们内心深处的喜怒哀乐，让情感在旋律与节奏的交织中得以充分释放与共鸣。同时，音乐承载着厚重的文化内涵，是文化传承的关键媒介，它将不同地域、不同民族的传统文化、历史记忆以及价值观念等，以独特而生动的方式传承下去，使后人得以从中汲取文化养分，维系文化的连续性与多样性。音乐课程的教学方式要经历一场深刻的变革，核心目标是从传统的知识传授转移到核心素养的培养上，通过艺术教育促进学生的全面发展。其教育目的不仅仅是让学生掌握一定的音乐技能和知识，更重要的是通过学习音乐，培养学生的音乐审美、艺术表现、创意实践以及文化理解等核心素养。

一、"单元教学"概念与内涵

单元教学是一种以整体教学为导向，将学习目标、内容、过程、结果与评价反馈融合成一个有机整体，通过有机整合、结构化设计，构建系统性、连续性、完整

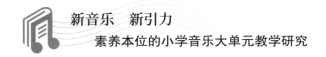
性的学习过程，以促进学生深入理解知识、提高思维能力、培养综合素质的教学方法。单元教学强调从一章或者一单元的角度出发，开展连贯的长程式教学，根据章节或单元中不同知识点的需要，综合利用各种教学形式和教学策略，通过一个相对完整的阶段性学习，促进学生整体认知、综合理解、持续实践、融合创新，让学生学习一个相对完整的知识单元。

（一）单元教学模式特点

单元教学作为先进的教学理念和方法，是目前学校和各学科教育改革的主要方法。它通过整体性、深度与广度的兼顾、学习素养的培养、教学的主动性和学习的自主性等多方面的特点，持续促进学生结构化知识体系的建构，为学生的全面发展提供了有力支持。

1. 教与学的整体性

单元教学强调将学科中若干主题和内容整合为一个完整的知识体系，构建了系统性、相互关联的学习过程。这种整体性不仅体现在知识的整合上，还体现在教学活动的统筹安排上。

单元教学的实施，需紧密围绕艺术课程标准或音乐课程教学内容展开。在精心挑选音乐教学主题或教学活动的基础上，教师应深入挖掘与之相契合的学习内容，并运用科学合理的方法，将所有教学内容进行结构性、整体性、完整性以及关联性的有机组合，最终构建出一个系统且富有逻辑的音乐学习单元。该单元教学内容在体系架构上具有明确的层级关系，向上紧密衔接大单元课程教学目标，确保教学方向的精准与连贯；向下则对每课时的单元教学目标、教学内容、教学过程与方法、所涉及的教学资源以及最终的音乐学业质量进行全方位的统领与整合，形成一个自上而下、层层递进、环环相扣的教学体系，以实现教学效益的最大化，促进学生音乐素养的全面提升。

单元教学既注重对知识的深入挖掘和理解，又考虑到对知识的全方位了解和掌握，使学生有机会从不同角度和维度全面掌握学习知识。这种教学方法不仅帮助学生掌握具体的知识点，也培养了他们对知识的深度理解和知识的综合应用的能力。

2. 教师教学能力的综合性

在教育实践的探索中，单元教学模式也为教师带来了诸多益处。它使教师能够突破传统教学的局限，不再仅仅聚焦于单一课时内具体概念与知识点的教授，而是以宏观的视角，完整地把握知识体系的全貌，从而在教学过程中掌控节奏与进度。立足于单元整体，深入剖析学生在各课时知识学习中的现实价值以及知识点之间的内在关联，精准定位学生的理解支点、联结难点以及未来知识突破的关键节点。在此基础上，教师能够以未来发展需求的深度思考为引领，有目的地培养学生的综合素养与能力，进而从容不迫地开展教学活动，精心打造契合新课程标准要求的教学新样态，推动教育质量的稳步提升。

通过教师的引导和组织，单元教学能够使学生在学习过程中主动思考、探究、体验，提高学习的主动性和自主性。这种教学模式不仅关注知识的传授，更注重学生学习能力的培养，使学生能够在学习过程中形成自主学习的习惯和能力。

3. 学生的学习素养与自主性

对于学生来说，单元教学模式具有深远的教育意义。它引导学生突破传统以孤立知识点为核心的认知局限，转而将知识序列有机地嵌入到学习过程的全链条之中。在这一过程中，知识序列的逐步深入不仅夯实了学生的知识基础，更巧妙地将学科思想贯穿始终，使学生能够在单元学习的框架内清晰地洞察知识间的内在关联。学生在沿着知识脉络深入探索的过程中，逐步获得对学科思想、原则以及规律的深层理解，从而实现高效且高质量的学习，提升自身的学科素养与综合能力。

单元教学积极倡导探究性学习与合作学习，通过精心设计的多种教学活动与课程架构，全方位地培养学生的综合素质和学习能力。这涵盖了学生的思维能力、自主学习能力、合作能力等诸多关键素养。以大单元教学为例，教师在其中

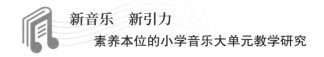

扮演着引导者与组织者的角色，巧妙地设计学习任务与活动情境，激发学生的学习兴趣与内在动力。在教师的引领下，学生主动投身于思考、探究与体验的学习过程，积极与同伴展开合作交流，共同攻克学习难题。这种学习方式不仅提高了学生学习的主动性和自主性，还培养了他们的团队协作精神与沟通能力，为学生的全面发展奠定了坚实的基础，使其能够在未来的学习与职业生涯中更好地应对各种挑战。

（二）单元教学与大单元的联系

大单元教学作为一种创新的教学模式，其核心目标指向深度学习，致力于全面提升学生的音乐综合素养。这一教学模式并非传统单元教学的简单延续，而是在继承与发扬中国传统教育思想如"触类旁通"等观念的基础上，融合西方大概念教学理念的精华，形成了一种独特的结构化教学模式。该模式以促进学生思维从具体向关联结构和抽象扩展结构发展为核心，进而实现核心素养的培育。

在实施过程中，大单元教学对传统教学的多个关键要素进行了深度重构。首先，教学目标从单一的知识传授转向培养学生综合运用音乐知识解决实际问题的能力；其次，教学内容不再局限于教材的章节划分，而是围绕核心概念进行有机整合，形成具有内在逻辑联系的知识体系；再次，教学程序突破了传统的线性推进模式，采用逆向设计，即从预期的学习成果出发，反向规划教学活动与评价方式，确保教学活动的有效性与针对性。

大单元教学具有鲜明的特点：学习者经验统整性，强调以学生已有经验为基础，实现新旧知识的无缝对接；课程内容结构化，注重知识的系统性与连贯性，帮助学生构建完整的音乐知识框架；教学程序逆向性，以目标为导向，优化教学流程，提高教学效率；学习成果生活化，鼓励学生将所学音乐知识应用于实际生活，增强学习的实用性和趣味性。通过这些特点的综合体现，大单元教学不仅提升了学生的音乐素养，还培养了学生的创新思维、合作能力与实践精神，为学生的全面发展奠定了坚实基础。

二、"大单元教学" 模式的兴起

2022 年 3 月，教育部印发《义务教育课程方案》，文中提到 "探索大单元教学，积极开展主题化、项目式学习等综合性教学活动，促进学生举一反三、融会贯通，加强知识间的内在关联、促进知识结构化"，随着社会对学生综合素养培育的重视程度不断提高，我国基础教育层面的课程改革全面进入新时代。大单元教学突破了传统课时教学的局限，强调以学生的全面发展为核心，符合我国新时代教育目标的基本要求。

（一）大单元教学模式特点

大单元教学注重以单元概念为出发点，在宏观的层面上将单元知识进行进一步整合，同时关注与跨单元知识的有机联动，形成整体性教学目标，并通过对教学内容、教学过程和教学评价的深度整合，实现教学效益的最大化。

1.跨单元知识联系的紧密性

大单元教学中的各个环节之间有着密切的联系，且知识间具有一定的递进性，能让学生以全局视角理解知识，从而从整体上提升认知。小学音乐中的大单元教学要以培养学生音乐学科核心素养为目的开展，注重教学内容覆盖度，能促使学生提高学习主动性，充分把握作品规律，从而提高对知识的吸收率。

2.系统性与层次性结合

大单元教学是一种区别于传统教学模式的教育教学理念，这种教学模式更加注重知识的系统化、层次化。该教学模式应用的前提是对教材的深入分析和解读，如果教师对教材的分析和解读不深入，那么就会出现大单元教学设计不够科学合理的情况，达不到预期的教学效果。大单元教学实施过程中各个课时之间的连贯性更强，知识之间具有较强的逻辑性，其通常是围绕单元内某一个或者是多个主题统一展开的。

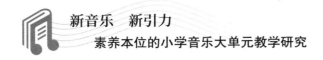

（二）"大概念"的课程设计与改革理念

大单元教学是将教学目标、教学内容、教学过程以及结果进行整合，以系统性的教学促进学生整体认知、综合理解的一种新型音乐教学形式。相对于按部就班式的传统教学，大单元教学具有更高的视角，更多的包容性，改进了传统教学中内容简单重复、碎片化的教学模式，助力学生对音乐知识学习的全面培养。

大单元教学的核心在于教师以"大"概念为引领，对课本知识进行科学、系统且深度的调整。这一过程要求教师紧扣教材内容，精准确定大单元教学目标，进而精心开展教学设计。教师需具备敏锐的洞察力，从纷繁复杂的音乐教材中精准提炼出教学重点与内在规律，巧妙选取合适的切入点，以此为突破口开展音乐教学活动。通过这样的教学策略，有效调动学生的学习积极性，激发其内在的学习动力，从而增强学生在音乐学习过程中的参与意识与主体意识，促使学生在音乐知识的探索与技能的习得中实现深度学习与全面发展。

1. 教学目标与课程设计的概括性

"大概念"一般情况下并不指向某一个详细的知识点，而是凝聚了多个小概念、细碎知识点，提炼其共性，形成知识点集合，指引学生于综合性、系统性、序列性的活动中实现对"大概念"的解读。

在学科教育的理论架构中，"大概念"占据着举足轻重的地位。它被精准界定为在学科体系内处于更高层次、居于核心位置的观念、命题、理论、原理以及概括，具备强大的统摄力与深远的影响力。这些"大概念"犹如学科知识体系中的关键枢纽，对学生后续的学习进程与长远发展产生着决定性的引领作用。"大"在"大概念"中的内涵要义，实质是指向"核心"这一关键属性。"核心"意味着"高位"或"上位"，它所蕴含的统领性与迁移价值极为显著，使学生在学习过程中实现知识的高效迁移与深度应用。

2. 知识教学与调度的抽象性

"大概念"是在具体知识或技能的基础上保留其根本属性，抽象提炼而成的。

这种高度概括性的"大概念"能跳脱某一具象的时空、情境或文化的限制，引领学生于情境中迁移运用所学知识，直击知识的内核与本质。

"大概念"恰似推动能力素养发展的关键"支点"，其生成过程遵循着"具体—抽象—具体"的循环往复模式。在这一模式中，教师首先引导学生从具体的学科现象与实例出发，通过深入的探究与思考，提炼出抽象的学科概念与原理；随后，再将这些抽象的概念与原理回归到具体的学习情境与实际问题中，实现知识的再具体化与应用拓展，从而完成一个完整的认知循环。

3. 教学实践过程的实践性

教育者需要打破传统"灌输式"教学模式弊端，因为"大概念"需要从实践应用中深刻理解。学生应通过多元的实践操作及应用，深入思考和总结，从而构建完整的知识体系，并提炼出契合自身实际情况的"大概念"，这将为他们参与知识生成的整个过程提供支持。

总体而言，以"大概念"为理论支撑而实施的单元教学，具有明确的目标导向与深远的教育价值。单元整体教学往往以"大概念"为主线，致力于提炼出单元教学的核心目标，精准指向学生解决真实问题素养的培育，打破单元知识之间的固有壁垒，实现知识间的有机串联与结构化建构。通过这种方式，学生能从知识的整合与应用中，逐步形成系统的学科认知框架，不断提升综合运用知识解决复杂问题的能力，为其终身学习与全面发展奠定坚实的基础，推动学科教育从知识传授向素养培育的深度转型。

三、"大单元教学"方向与目标

在素养导向下，大单元教学更加注重对学生音乐素养和审美能力的培养，尤其在培养学生音乐素养与审美能力方面发挥着关键作用。该教学模式以核心素养为根本理念与核心培育目标，精准聚焦于当前教学实践中普遍存在的知识化倾向以及知识碎片化问题，致力于打破传统教学的局限，通过系统化、整体性的教学

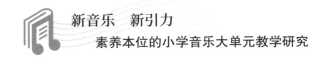

设计，引导学生在丰富的音乐学习情境中深度体验与感悟音乐之美，从而实现音乐知识的内化与审美能力的提升，为学生音乐素养的全面发展奠定坚实基础。

核心素养，作为当下教育领域的热词，它代表着学生应具备的、能够适应终身发展和社会发展需要的必备品格和关键能力。在音乐领域中，核心素养被赋予了新的内涵。

（一）审美感知

目前，音乐学科教学追求的是审美本位，培养学生审美素养的主要途径就是大单元教学。欣赏不同风格的音乐作品，发展音乐感知力和鉴赏力。音乐审美能力：这是学生对音乐作品进行感知、体验、评价和鉴赏的能力。它如同一把钥匙，能够开启学生对音乐的兴趣和热爱。通过学习歌曲感受节奏、旋律的特点，感受不同的音乐风格，体会欢快喜庆的音乐情绪。

（二）艺术表现

通过歌唱、演奏等活动，展现个人音乐才华。这是学生通过演唱、演奏等形式来表现音乐作品的能力。它是学生展示自我、与他人沟通的桥梁。通过锣鼓、舞龙、舞狮等音乐活动，培养良好的表现能力和合作能力。

（三）创意实践

学生需掌握音乐基本要素，并积极参与创作和表演活动。通过创编故事情境、设计表现形式，营造出过年的氛围，将音乐与年文化巧妙结合。在这一过程中展现出音乐创作和改编能力，正是学生创新精神和实践能力的体现，也是音乐素养中一颗璀璨的明珠。

（四）文化理解

理解音乐的社会、历史和文化背景。这是学生把握音乐背后文化内涵的关键能力。这一能力对于培养学生的跨文化交流能力和音乐文化素养至关重要。通过了解湖南的非物质文化遗产、民间音乐和民俗，可以激发学生对传统文化的热爱和年文化的喜爱之情。同时，通过对比不同地区版本的《小拜年》，学生能够认识到音乐与地域之间的紧密联系。

 以人音版三年级上册第七单元"钟声"教学设计为例

【学习内容】

本单元以"寻钟之旅"为切入点，涉及四首音乐作品，包括两首双声部合唱作品《美丽的黄昏》《钟声叮叮当》；两首欣赏作品《维也纳的音乐钟》《灵隐钟声》。为积累音乐学习经验，突出大单元的主题，此外还拓展了管弦乐组曲《哈里·亚诺什》、合唱曲《钟声颂歌》、铜管乐《自由钟声进行曲》B小调第二小提琴协奏曲《钟声回旋曲》、双排键演奏《男儿当自强》和《钟声回旋曲》等音乐素材。本单元共设计四课时。

【学情分析】

三年级学生在音乐欣赏能力方面能够听出简单的乐曲结构，表达出所听音乐的感受及情绪，可以用图形、色块、旋律线、体态律动等形式进行简单的艺术表现。但是核心素养的创意实践活动能力尚浅，需要在音乐实践活动中大胆尝试，在国内外文化理解方面需要拓展知识面。歌唱能力方面有了一定的基础，但需要进一步加强。学生在二年级学习《两只老虎》时，已经对轮唱有了一定的认识和演唱体验。

【单元学习目标】

1. 通过合唱学习体验双声部的和谐意境美；感受美丽黄昏下的天空、教堂及悠扬钟声的宁静画面美；通过感受异国音乐风情、了解异国文化和中国寺庙文化，增强文化理解。

2. 通过情景创设、图形、色块、旋律线、柯尔文手势、体态律动等方法引导学生唱好双声部合唱曲《美丽的黄昏》和《钟声叮叮当》，通过欣赏法、体验法、合作法、游戏法等学法欣赏《灵隐钟声》和《维也纳的音乐钟》。

3. 通过学习和聆听歌曲，了解模进的发展旋律方法，了解轮唱和固定低音的合唱形式，理解合唱中的和谐与统一性。了解回旋曲式，并学会结合生活实际创编回旋曲，进行音乐实践活动。

【相关文化链接】

1. 了解"柯尔文手势"是柯达伊音乐教学法中的一个组成部分，手势是19世纪70年代由优翰·柯尔文首创的，因此称之为"柯尔文手势"；

2. 了解柯达伊的《哈里亚诺什组曲》；

3. 了解电子琴演奏效果和丰富的表现力，认识到双排键是专业型的电子琴；

4. 懂得回旋曲与回旋曲式的区别；

5. 了解灵隐寺以及灵隐寺的钟声。钟声既是报时的工具，也是智慧的象征，钟声能使人觉醒，获得安顺吉祥；

6. 了解苏萨的《自由钟声进行曲》；

7. 帕格尼尼 B 小调第二小提琴协奏曲《钟》也被人称为《钟声回旋曲》，被李斯特改编为钢琴曲。

【教学评价设计】

表 1-1　"钟声"单元学习评价

序号	评价目标	评价内容	评价标准	评价方式
1	积极参与体态律动及各类沉浸式实践表演	体验式探索	★经提示能够参与 ★★较积极参与 ★★★积极主动参与	课堂观察 教师评价
2	认真聆听并积极参音乐活动	欣赏能力 表达能力	★经帮助提醒能参与聆听与表达 ★★较积极地参与聆听和表达 ★★★较好地聆听习惯和主动参与 表达感受，能哼唱主题旋律	自评 互评 师评 小组评
3	了解合唱类型 声情并茂演唱 懂得声部之间的配合	合唱能力	★能基本准的演唱。 ★★演唱状态和表演比较积极 ★★★能大胆、自信，演唱状态准确表达歌曲和情绪，达到和谐统一	自评 互评 师评 小组评

续表

序号	评价目标	评价内容	评价标准	评价方式
4	了解轮唱和固定低音的合唱形式；知道模进音乐创作手法；了解回旋曲并能结合日常生活片段将其模仿创编	艺术表现 创意实践	★在老师和同学的帮助下进行表演 ★★基本表现出情景表演的内容 ★★★选用2至3种不同的形式进行情景表演，乐于交流和分享，达到合作完成综合表演	自评 互评 小组评 师评 钉钉群家长评

【单元学时设计】

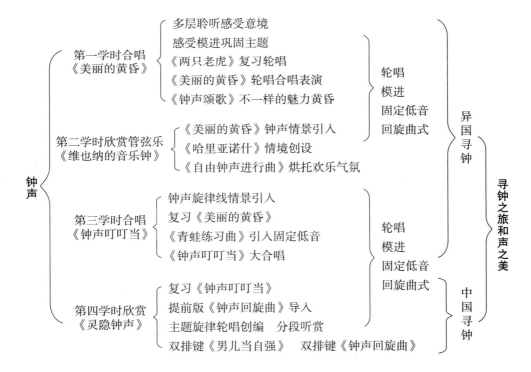

（天津市滨海新区新北第二小学　魏楠楠）

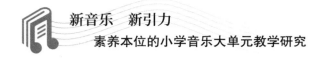
第二节

素养市位小学音乐大单元教学的研究现状

随着新课程改革的持续深入推进，小学音乐教学迎来了诸多新的挑战与机遇，肩负起培育学生音乐素养与审美情趣等更为深远的责任与使命。在此背景下，广大音乐教师秉持创新精神，积极探索与实践多样化的教学模式，其中大单元教学作为一种新兴的教学实践模式，在小学音乐教学的发展趋势中逐渐崭露头角，展现出一定的代表性和引领性。因此，音乐教师要立足于日常教学实践，洞察教学过程中存在的各类问题与瓶颈，尝试借助大单元教学所蕴含的科学性与合理性，对传统教学模式进行优化与改进。

在具体的教学实践过程中，教师们不断总结经验、剖析案例，深入分析大单元教学模式所具有的独特优势，如其在整合教学内容、提升教学效率、激发学生学习兴趣以及促进学生音乐核心素养发展等方面所发挥的积极作用，为小学音乐教学的高质量发展提供了有益的借鉴与参考。

一、小学音乐大单元教学理论现有成果

随着研究的不断深入与拓展，大单元教学在方法学习及迁移应用领域取得了显著成果。不同学者从理论的高度对这一新兴的教学模式作出了总结和进一步探索。这些研究不仅丰富了单元教学的理论体系，更为教学实践提供了多样化的选择，推动了大单元教学在教育领域的广泛应用和发展。

1988 年，成曼珊、谢振国对传统教学模式展开革新研究，认为学生应该摆脱在学习和受教育过程中的被动地位，在教师的鼓励下积极主动探究课程内容和知识，教学的重点也应该脱离应试教育，而更关注学生的智力和能力训练。

1990 年，钟德赣以叶圣陶的语文教学思想为指导，在单元教学的实施策略方面提出了"五步三课型反刍式单元教学法"，把每个单元的教学过程细分为总览、阅读、写说、评价、补漏五个步骤，每个步骤再进一步细化为自练、自改、自结三个课型，并创造性地运用控制论、信息论等基本原理指导课堂教学。

迈入 21 世纪，郑桂珍等学者针对大单元教学在促进学生自学方法与独立研究能力方面的作用进行了深入探讨，总结并提出了大单元教学的六种授课方法与类型，即授法课、习法课、用法课等，为教学实践提供了坚实的理论支撑。

但郑桂珍重点强调方法的学习和迁移运用，这种设计更倾向于直接教学法，与我们当前所理解的大单元教学存在一定差异，因此，将其视为以方法学习和运用为主要目标的单元整体教学更为恰当。

2017 年，钟启泉教授提出了大单元教学的"ADDIE 模型"，即分析（Analysis）、设计（Design）、开发（Development）、实施（Implement）、评价（Evaluation）五个步骤。"分析"即分析学习者的特性与前提，明确目标；"设计"即进行教材研究，琢磨教学内容；"开发"即梳理单元计划与教学流程，准备教材与学习环境；"实施"即根据教案，利用教材展开教学；"评价"即借助教学研讨会对教学进行反思。

此外，在单元教学的发展过程中，涌现出诸如"三部曲十八字"单元教学法、"七步骤整体化"单元教学法、"六环节四迁移"单元教学法以及"知识结构"单元教学法等教学模式。这些模式不仅丰富了单元教学的理论体系，更为教学实践提供了多样化的选择。

充分的理论研究与实践积累表明，在强调目标、内容、活动、评价的内在一致性的基础上，突出单元学习，提倡单元教学，能够强调学习目标的素养导向性、学习主题的引领性、学习任务的挑战性以及学习评价的持续性和连贯性，同时也能

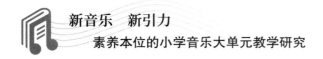

突显学习环境的开放性和教学改进的反思性。

在这一教育转型的关键过程中，大单元教学成功实现了从单一知识传授向全面关注学生发展、能力提升的综合教学模式的根本性转变。它强调跨学科知识的整合，采用多样化的教学方法，并高度重视对学生学习过程及综合素质的全面评价。这些举措在培养学生的创新精神、实践能力和批判性思维等方面取得了显著成效。此外，随着教育技术的日新月异，大单元教学积极探索与新兴技术的深度融合，为学生构建了更加丰富多元、高效便捷的学习环境与体验。

二、国外单元教学发展状况

单元教学作为一种具有深远影响的教育方法论，其萌芽与理论根基可追溯至20世纪初，主要植根于美国及欧洲的教育思想与实践探索之中。该教学模式在当时即已展现出显著的正面效应，更为后续的教育改革与发展进程提供了宝贵的启示与重要参考，彰显了其在教育史上的重要地位与持久影响力。

（一）杜威的实用主义单元教学模式

20世纪初，美国教育家杜威以其独特的实用主义教育思想为基础，提出了实用主义的单元教学模式。这一模式不仅体现了以学生为中心的教学理念，更通过解决实际问题的过程促进学生的全面发展。杜威提出的单元教学模式具有明确的基本程序，包括设置问题情境、确定问题与课题、拟定解决课题的方案、执行计划以及总结与评价等步骤。

1. 设置问题情境

教师巧妙地创设与现实生活紧密相关的问题情境，引发学生的好奇心和探究欲望，使他们主动进入学习状态，这一步骤不仅为学生提供了具体的学习背景，还为他们指明了学习的方向和目标。

2. 确定问题与课题

在问题情境的引导下，教师引导学生识别并明确要解决的问题或要研究的课题。这一过程培养了学生的问题意识和分析能力，为后续的学习活动打下了坚实的基础。

3. 拟定解决课题的方案

学生根据确定的问题或课题，通过独立思考和小组合作，提出解决问题的方案或研究计划。在这一过程中，学生需要运用已有的知识和技能，同时还需要在教师的指导下不断修正和完善方案。这不仅锻炼了学生的思维能力，还培养了他们的团队协作精神和创新能力。

4. 执行计划

学生按照拟定的方案或计划，开展具体的实践活动，如调查、实验、制作等。通过实践活动，学生不仅能够加深对知识的理解和掌握，还能够提升实践能力和创新精神。这一步骤是单元教学中最为关键的一环，它直接关系到学生的学习成果和能力的培养。

5. 总结与评价

学生对整个学习过程进行回顾和总结，反思自己的收获和不足。同时，教师对学生的学习成果进行评价和反馈，帮助他们进一步巩固知识和技能。这一步骤既是对学生学习效果的检验，又是对他们未来学习方向的指引。

杜威的实用主义单元教学模式强调学习的连贯性和整体性，有助于学生在解决实际问题的过程中形成完整的知识体系。同时，该模式也注重学生在学习过程中的主体性和主动性，有助于培养他们的思维能力和实践能力。

值得一提的是，杜威的学生克伯屈在继承和发展杜威思想的基础上，开创了"设计教学法"。这一创新被誉为教育领域的重大突破，克伯屈也因此被誉为"设计教学法之父"他主张"学习大单元"，即取消分科教学和固定的教材，以学生的活动为主要依据来安排学习单元。这种教学方法突破了传统的教学框架，更加注重学生的个体差异和实际需求，使学习更加贴近学生的生活和兴趣。克伯屈的设计教学法引起了教育界的广泛关注。

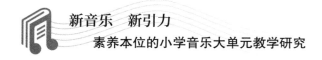
（二）德克乐利教学法

19世纪末到20世纪初，比利时教育家德克乐利作为新教育运动的领军人物，在布鲁塞尔的学校中积极推行了一种以"整体化"和"兴趣中心"为原则的教学方法，被广大教育工作者誉为"德克乐利教学法"。

1. 制定单元题目（主题）

与传统的按科目或章节进行教学不同，德克乐利强调以整体化的视角来审视教育内容。他精心设计的单元题目，往往围绕学生的生活实际和兴趣点，旨在通过解决实际问题或探索有趣现象，引导学生综合运用所学知识，培养解决问题的能力。

2. 根据单元题目组织教学内容与教学方式

他打破了传统分科教学的界限，将不同学科的知识和技能融合在一起，形成一个有机的整体。在教学过程中，他注重激发学生的学习兴趣和主动性，通过小组讨论、实践操作、观察实验等多种方式，让学生在互动和合作中探索知识，发展能力。

3. 构建相对独立的单元教学整体

这种教学方法还要确保一个单元的教学在一段时间内连续进行，由此确保学生能够在一段时间内专注于一个特定的主题或问题，进行深入的学习和探索。通过这种方式，学生能够建立对知识的整体理解，形成连贯的思维框架，从而更好地掌握和应用所学知识。

德克乐利教学法打破了按照科目进行教学的传统模式，是单元教学思想的萌芽。它强调知识的整体性和连贯性，注重学生的主体性和实践性，有助于培养学生的综合能力和创新精神，同时，这种教学方法也促进了教师角色的转变，使教师从单纯的知识传授者变为学生学习过程的引导者和合作者。

三、国内单元教学模式应用现状

自新课程改革实施以来，音乐学科教育迎来了新的发展机遇与活力。然而，值得注意的是，尽管新课改已推行一段时间，但在大多数音乐教学实践中，对其理念的运用仍显不足。在日常教学中，一些教师观念滞后，教学形式单一，缺乏创新，且对教学评价和总结的重视程度不够，这些问题在一定程度上制约了音乐教学质量的提升，成为当前音乐教育改革中亟待解决的重要课题。

部分音乐教师没有对教学内容进行细致的分类，也没有投入足够精力进行分析，只是按照课本编排的方式照本宣科，这种填鸭式教学模式无法激发学生对音乐的兴趣，只是被动接受教师的讲课，学生的想象空间得不到有效发挥。长此以往，不利于小学生综合素养的全面发展，背离了素质教育的方向。

究其主要原因，是教师教学思维没有跟上时代的变化，教学上的懒惰，导致教学方法过于单一，没有新意，台上教师讲，台下学生听的音乐教学模式比比皆是，学生对音乐的学习兴趣不高可想而知。比如，《妈妈的歌》这一单元，旨在通过音乐的形式，向学生传达来自妈妈的关爱。本单元特别选取以摇篮曲为切入点，这一音乐形式对学生们而言并不陌生。教师应该以点带面，有计划、有步骤地开展教学。而有的教师则认为没有必要将这个单元的主要教学目标进行深化和升华，因此导致教学随意性强，教学目标不明确，想到什么就讲什么。这些现状的发生，直接影响了小学音乐教学改革的进程。

此外，有些教师在教学中并不注重教学评价和总结，使得学生无法判断每一节课的学习效果。比如，自己的学习表现是否正确，因此导致出现了偏差而不自知，更不要说改进了。基于这些问题，教师必须要紧跟新课改深化的要求，提升教学理念，用较高的音乐教学专业素养来武装自己的头脑，对现有教学方法进行改进，在实践中探索音乐大单元教学的有效策略。通过对音乐教材内容进行巧妙的设计安排，激发小学生对音乐学习的兴趣以及对音乐知识的探索愿望，全面改进和提升小学音乐教学，促进教学模式的系统性、科学性，提升小学生的音乐综合素养。

四、当代教育领域大单元教学的流行状况

一方面，大单元教学之所以备受教师青睐，是由于其紧密契合了当前学习

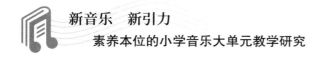
科学研究和创新课程模式的发展趋势。它强调"全学习"的理念，注重知识的结构化，鼓励学生进行自主建构，实现学以致用。同时，大单元教学还倡导跨学科学习、融合式教学、项目式学习以及真实任务驱动等先进学习方式，这些都有助于培养学生应对复杂问题的综合素养。通过创设真实任务情境，大单元教学能够将多维度的知识和能力进行有机整合，指向概念性理解，从而在教育界引发广泛关注。

另一方面，人们追逐新鲜事物的心理也在一定程度上推动了大单元教学的流行。在教育创新成为主流趋势的背景下，众多教育者为了紧跟潮流，急于实施大单元教学。然而，由于对大单元教学的核心理念、真实内涵和实践方法了解不足，一部分教育者在实施过程中遭遇诸多挑战和困难。尽管大单元教学在教育领域内已展现出积极且深远的教育价值，但在正式采纳并实施之前，我们仍有必要对其进行全面而深入的研究与理解，特别是对其核心理念与实践方法的把握，确保其能够发挥教育效能。

在追求教育创新的过程中，我们应秉持脚踏实地的态度，通过系统研读相关书籍、文献及成功案例，逐步领悟并掌握大单元教学的精髓。唯有如此，我们才能在教育实践中有效运用这一模式，取得更为显著的成果，进而真正实现教育的创新与发展。

五、单元教学理论的深化与多元化发展

单元教学理论的深化与多元化发展已成为教育领域中的显著趋势，引起了教育者的广泛关注。随着教育理论与实践的不断演进，单元教学已超越了单一教学方法的范畴，逐步演化为一种融合了多种先进教育理念与高效教学策略的综合教学模式。这一趋势不仅体现了对教育创新的不懈追求，也彰显了对学生全面发展与个性化学习的深刻关注，为教育质量的提升注入了新的活力与动力。

首先，单元教学理论的深化体现在对教学过程更为细致和系统的理解上。美

国教育心理学家莫里逊提出的"五步单元教学法",至今仍在发展与实践中。这一教学法提倡让学生通过探索、提示、自学、系统化和复述五个步骤,在几天或一周时间内集中于教材上某个专题或某个问题。"五步单元教学法"理论对现在的单元教学仍然具有指导性和操作性。它注重学生在这一过程中的主动参与和深度思考。这种深化理解使得单元教学更加符合学生的认知规律,有助于提高教学效果。

其次,单元教学理论的多元化发展体现在与其他教育理论和教学策略的融合上。随着系统论在教育领域的应用,不少学者开始从系统的角度审视单元教学模式。美国学者加里·鲍里奇提出的观点强调了通过多个课时的共同作用来实现知识、技能和理解的逐渐发展。这一观点与单元教学的核心理念相契合,即通过整体把握和系统设计来优化教学过程。此外,单元教学还吸收了其他教育理论,如合作学习理论、情感教育理论等,形成了一种更加全面和立体的教学模式。

在多元化发展的同时,单元教学也注重实践应用。教师们在实际教学中不断探索和创新,将单元教学与其他教学策略相结合,形成了各具特色的教学模式。例如,有些教师采用任务驱动的方式进行单元教学,让学生在完成具体任务的过程中学习知识和技能;还有些教师将单元教学与跨学科教学相结合,引导学生通过探究和实践来解决实际问题。

此外,随着信息技术的快速发展,单元教学也开始与数字化教学相结合。通过利用数字资源和在线平台,教师可以为学生提供更加丰富和多样的学习体验。例如,利用在线视频、虚拟实验室等资源来辅助教学,让学生在更加直观和生动的学习环境中进行探究和学习。

随着系统论在教育领域的应用,学者们开始从系统的角度审视单元教学。美国学者加里·鲍里奇依据系统论原理"整体大于部分之和",强调通过课前谋划的多个课时共同作用,让学生的知识体系、技能理解得以逐渐发展,生成越来越复杂的知识体系。这说明,对学科的知识、技能、思想的整体把握并进行教学,会产生"1+1+1>3"的效果。

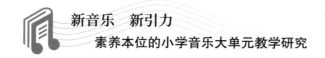

在评估核心素养下的大单元教学效果时，学者们采用了多种方法和指标。一些研究通过对比实验和调查问卷等方式，发现大单元教学能够显著提高学生的学科能力和核心素养水平。同时，一些研究还关注了大单元教学对学生创造性思维、批判性思维等能力的影响，结果表明这种教学方式能够有效提升学生的综合素质和能力。然而，尽管核心素养下的大单元教学在理论和实践层面都取得了显著的成果，但仍存在一些问题和挑战。例如，如何确保大单元教学的有效实施和普及？如何针对不同学科和学段的特点设计更具针对性的大单元教学方案？如何进一步完善核心素养的评价体系以更好地反映学生的综合素质和能力？这些问题需要我们在未来的研究中继续深入探讨和解决。

展望未来，核心素养下的大单元教学将继续发挥重要作用，推动教育领域的改革和创新。我们期待更多的学者和实践者加入这一领域的研究和实践中，共同探索更加有效的核心素养培养路径，为学生的全面发展贡献智慧和力量。

第三节

◆ ——————————————————————————

素养市位小学音乐大单元教学的实践路径

在新课改的背景下，艺术新课标与核心素养在小学音乐教学中交织出了一首美妙的交响乐章。为了更好地实现这些目标和能力的培养，本节将深入探索以大单元教学模式为基础的小学音乐大单元教学设计实践，以小学音乐课堂为例，清晰地展现大单元教学模式的独特魅力与实践路径，以期在跨学科的整合应用中全面提升学生的核心素养，引领他们在音乐的海洋中遨游，感受、创造、表现并理解文化的多样性及自身民族文化的独特性。

一、促进课程理解，统筹规划教学

在开展大单元教学之前，音乐教师需对各单元教学内容进行全面且深入的研习，确保对其了然于心。这要求教师立足大单元本身，充分发掘单元内课程内容，掌握其整体特征，并提取单元主题。为此，教师需要具备精准的驾驭能力，深入了解各个单元内的课程情况，找出最具代表性的知识点，提炼文化内涵，并将其与单元内其他歌曲作对比，以促进学生完成从理性认知到感性认知的提升。

在此基础上，教师应结合自身丰富的教学经验和独特的教学理解，对单元内的音乐知识进行细致的提炼与深度分析，精准把握其中的核心要义与精髓所在。随后，依据对知识的深刻洞察，精心构思并制定出科学合理、富有针对性的教学设计方案，为大单元教学的顺利实施奠定坚实基础，实现高效的教学目标，全面

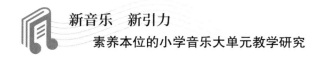

提升学生的音乐素养。

在设计大单元教学策略时，教师还应充分考量学生的年龄特征以及其对音乐的喜好程度，精心制定一套完整且系统的教学方案。在实际教学过程中，一个精心设计且成功实施的大单元教学方案，不仅能够促使学生在潜移默化中建立起与音乐学习的内在联系，还能引导学生逐渐学会借助歌声或音乐来表达内心的情感世界。基于此，在大单元教学的设计与实施环节，教师应有意识地将学生音乐综合素养的培养纳入核心教学目标，通过多样化的教学活动与方法，激发并培养学生对音乐的浓厚兴趣。同时，以音乐教学为重要媒介，巧妙地将情感教育与德育教育有机融入其中，实现三者的完美渗透与协同发展。通过这样的教学实践，使音乐教学的作用得以深度拓展与长远发挥，为学生的全面发展奠定坚实基础，助力学生在音乐的滋养下成为具有丰富情感与高尚品德的个体。

二、跨单元融合课程，设计教学体系

在大单元教学视角下设计小学音乐教学课程内容，教师需要关注不同学段教材内容之间的贯通与衔接，结构体系化，内容合理化，保证知识和能力体系的连贯性与层次性。对于同一主题且需要一以贯之学习的材料，采取更换曲目、区分类别、调整目标要求等方式避免不必要的重复。同类曲目（如代表性的戏曲唱段）虽然不同学段都有选择，但教学要求上体现螺旋式上升的顺序性表达，重难点和呈现方式等方面也相应作出变化。

小学音乐课堂开展大单元教学模式之后，音乐教师团队还需要定期深入研讨，例如在教授小学民族音乐这类歌曲的背后，音乐组商讨决定以"民族音乐之旅"为主题开展大单元教学，将原本零散的音乐知识点，如不同民族的乐器认知、民歌风格特点、传统舞蹈韵律等内容整合成一个完整的单元。

在小学音乐教育领域，深入探索音乐作品之间的内在关系，对于强化学生的节奏感以及提升其艺术表现力具有至关重要的作用。在开展大单元教学的过程中，教师肩负着关键的引导职责。教师应积极营造开放、互动的课堂氛围，与学生展开充分且深入的交流与探讨，引导学生细致剖析大单元下各个音乐作品所蕴含的风格特点、情感内涵以及相互之间的内在联系，从而帮助学生构建起系统而完整的音乐知识体系。

此外，教师可巧妙地借助体感律动这一教学手段，让学生在亲身参与和体验中，直观地感受音乐的节奏韵律，进而有效提升其节奏感。通过这样的教学实践，不仅能够增强学生对音乐作品的理解与感悟，还能够激发学生内在的艺术表现欲望，为其艺术素养的全面发展奠定坚实基础，推动小学音乐教育向着更高层次迈进。

三、拓展课程内容，丰富教学活动

在小学音乐教育的大单元教学实践中，精准把握音乐作品的内在规律并据此递进式地开展教学活动，对于提升学生的审美素养具有深远意义。教师需深入剖析大单元教学的编排逻辑与规律，精心规划各个课时的教学内容与难度梯度，确保教学难度呈现出由易到难、循序渐进的合理状态。在此基础上，教师引导学生深入探究单元内各音乐作品所蕴含的风格特点、情感内涵以及创作技法等内在规律，使学生能够在教师的引领下，遵循由浅入深、由表及里的认知路径，逐步掌握单元核心知识与技能。

通过这样的递进式教学，学生不仅扎实掌握音乐知识，还在不断的审美体验与感悟中逐步提升自身的音乐审美能力，培养敏锐的审美直觉与高雅的审美情趣，为其终身的音乐学习与艺术修养的持续提升奠定坚实基础，推动小学音乐教育在培养学生综合素养方面发挥更大的效能。

教学初期，通过播放各民族音乐精选集，让学生直观感受不同民族音乐的差异，激发学生的好奇心与探索欲。课堂上详细讲解各民族代表性乐器，像蒙古族的马头琴、维吾尔族的热瓦甫等，不仅介绍乐器的外形与发声原理，还邀请民间

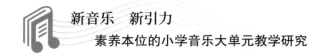

艺人或通过视频展示乐器演奏技法，让学生近距离领略民族音乐的魅力。在民歌教学环节，引导学生学唱经典民歌，分析歌词与旋律中蕴含的民族文化与情感，对比不同地域民歌的风格特点，使学生理解地理环境、生活习俗对音乐创作的深刻影响。同时结合民族舞蹈教学，让学生在舞动中体会音乐的节奏与韵律，进一步加深对民族音乐的理解与记忆。

在具体的教学实施环节，教师应立足于单元教学的整体架构，进行全方位的统筹规划与精心布局。通过这样的教学策略，有效助力小学生在音乐学习过程中实现文化理解的深度拓展，引导他们深入挖掘音乐作品背后所蕴含的文化内涵与历史价值，培养其跨文化的音乐认知能力。同时，教师还应注重引导学生探索作品之间的内在关系，通过精心设计的节奏练习等活动，强化学生的节奏感知与表现能力，从而有力地提升学生的艺术表现力，使其能够在音乐表演中更加自信、精准地表达情感与思想。

此外，精准把握音乐作品的内在规律，并依据规律递进式地开展教学活动，对于促进学生审美素养的稳步提升具有不可忽视的作用。教师应依据学生的认知发展规律与音乐学习特点，合理安排教学难度与进度，使学生在由浅入深、循序渐进的学习过程中，逐步培养起敏锐的审美感知能力、深刻的审美理解力以及高雅的审美情趣，为其终身的审美发展奠定坚实基础。

因此，若想切实提高音乐大单元教学的效率与质量，教师必须充分发挥自身的主导作用，做好教学的统筹规划与组织实施工作。通过科学合理的教学设计与有效的教学实施，全方位、多层次地培养小学生的音乐学科核心素养，使其在音乐的滋养下实现知识、能力与情感的协同发展，为学生的全面发展与终身成长注入源源不断的动力。

以人音版二年级上册第八单元"新年好"作业设计为例

一、单元分析

（一）课标要求

本单元内容是人民音乐出版社小学二年级上册第8课的内容。按照《义务教育艺术课程标准（2022年版）》要求，教学中教师要引导学生掌握以下内容：

1. 通过学唱歌曲、欣赏歌曲，引导学生感受中国传统文化"闹新春"的民俗音乐文化特点。

2. 能通过作品欣赏，认识中国音乐家、教育家——贺绿汀。

3. 能根据简易打击乐器的音色准确分类，和同学合作打击乐器合奏的练习。

4. 能用肢体语言和打击乐器，表现乐曲《窗花舞》（片段）和《晚会》所表现的热闹场景。

（二）教材分析

本课是本册课本的最后一个单元，临近年末，与中国喜迎春节浓浓的年味密切相关，紧紧围绕"新年好"的人文主题进行编写。《小拜年》《过新年》两首歌曲的安排，不仅可以让学生充分感受过年的热闹气氛，还让学生在演唱具有传统风格的作品中，感受中国传统文化"闹新春"的民俗音乐文化特点。

管弦乐《晚会》原是一首叫作《闹新春》的钢琴曲，由贺绿汀作于1934年，1940年改编为管弦乐曲。乐曲结构短小、紧凑，旋律优美、朴素，采用民族调式和民间音乐的旋法，音乐中创造性地运用了中国民间锣鼓节奏，配器手法简洁，音色多变，生动形象地描绘了晚会热闹愉快的气氛，表达了解放区人民欢庆胜利，迎接解放的兴奋、欢乐心情。

《窗花舞》是芭蕾舞剧《白毛女》中的选曲。《窗花舞》描绘了除夕夜喜儿等待出门躲债的爹爹回家过年的情景。乐曲的情绪欢快，民歌风的旋律轻盈活泼由柔和的木管乐器和弦乐器担任。表现了喜儿单纯、善良。乐曲大致分三个部分。第一

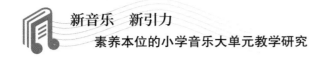

部分由双簧管演奏，在三角铁、铃鼓轻轻地衬奏下，旋律轻快、柔美，反复一次后进入一个小的过渡段。第二部分转到下属调，音乐更加欢快热烈，由弦乐、长笛、单簧管主奏，并加入了小堂鼓和小钹，喜庆的气氛更为热烈，民族韵味更加浓郁。欢腾的歌舞后，乐曲又转回了主调，表现了喜儿盼爹爹回来的心情并带着一丝丝忧愁。

《小拜年》是根据湖南花鼓音乐改编而成的儿童歌曲，五声徵调式。这是一首只有两个对置乐句组成的复合乐段，前奏和中间扩充部分（间奏）用了同一素材；间奏用了模拟锣鼓声的"咚咚锵"衬词，增强了欢庆的气氛。热烈、欢快的旋律，唱出了人们耍狮子、闹龙灯、庆新年的欢乐场面，特别是配上打击乐器后更是锦上添花，给人以身临其境的真实感。

《过新年》是一首欢快、热烈的儿童歌曲。五声 C 宫调式，一段体结构。歌曲采用了汉族民间音调和秧歌舞的节奏特点，曲调欢快、活泼，尤其是歌中模拟锣鼓音响的衬词"咚咚锵"的反复出现，为歌曲增添了热烈欢快的节日气氛，生动形象地描绘了孩子们喜气洋洋过新年的欢乐情景。

（三）学情分析

二年级的学生好奇心强、活泼好动，善于模仿，可塑性强。在教学方法的选择上应主要采用游戏的形式，让学生在玩中体验，玩中创造。注重营造愉悦、欢快的学习氛围，运用多种活动增强学生参与的广度和深度，使他们在亲身体验中进行有效的学习，保持他们学习的欲望和兴趣，从而提高学习效果。

二、单元学习与作业目标

（一）单元学习目标

1. 能用饱满、热情的声音演唱歌曲《过新年》和《小拜年》，背唱《小拜年》。

2. 能用肢体语言和打击乐器，表现乐曲《窗花舞》（片段）和《晚会》所表现的热闹场景。

3. 能根据简易打击乐器的音色准确分类，和同学合作打击乐合奏练习。

（二）单元作业目标

1. 能有感情、准确地演唱歌曲，用肢体语言表现乐曲场景，感受中国传统文化"闹新春"的民俗音乐文化。

2. 通过自制乐器、模仿动作，巩固复习本单元音乐知识，并能通过编创动作表现不同的音乐情绪。

3. 通过了解作品创作背景、作曲家生平，感受民族音乐的特点，增强民族自豪感、自信心，争做"中华美德好少年"。

三、单元作业设计思路

本单元作业设计是在依据课程标准中"以音乐审美为核心、以兴趣爱好为动力、重视音乐实践和创造"的课程理念，紧紧围绕学科核心素养展开布置，遵从作业设计的八大原则，分类、分层布置，做到难易适中、层层递进，可操作性强，在多种审美实践活动中增强学生的艺术表现力以及文化自信，培养核心素养，激发学生热爱中国传统文化——"闹新春"的民俗音乐文化。

根据本单元内容，课时作业设为三个栏目，分别为："新春音乐符""快乐咙咚锵"和"活力星舞台"。每人根据实际情况任选一项，提交作业形式为视频，并附上自评星级。

"新春音乐符"栏目为基础题：和朋友比一比、与父母同唱一首歌、用肢体语言表现乐曲场景等不同的形式，准确表达作品的音乐形象和情感，激发学生热爱中国传统文化"闹新春"的民俗音乐文化。

"快乐咙咚锵"栏目为实践题：通过自制乐器、节奏和动作创编等多种形式对歌曲进行编创，给音乐作业注入生机和活力，激发学生创造能力。

"活力星舞台"栏目为探究题：通过深度挖掘音乐作品、了解音乐文化、结合日常生活感受音乐，拓展音乐视野，全面提升学生的音乐素养。

单元检测以"新年音乐会"为主题，由学生自己设计编排节目，将编创与活动贯穿在一起，通过活动培养学生的独立意识和自信心。通过学生自评、生生互评、

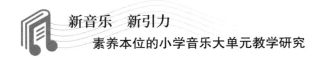

老师评价，深度激发学生对音乐课的热爱，培养学生热爱和关注民族音乐。

四、课时作业

第一课时

1. 作业内容

请任选一项，与家庭成员一人或多人一起完成。提交作业形式为视频格式，并附上自评星级。

新春音乐符：说一说与春节有关的知识或历史，有感情的演唱歌曲《小拜年》。

快乐咙咚锵：请试着自制打击乐器并编创节奏，和家人一起为歌曲伴奏。

活力星舞台：了解湖南花鼓调的特点，说一说歌曲《小拜年》的音乐风格？歌曲中的家庭成员分别用什么方式庆祝新年？与家人一起分角色随音乐模仿拜年场景。

2. 评价设计

表 1-2 《小拜年》评价表

自选项目	评价标准	水平	自评	师评
新春音乐符	表述语言完整流畅，能用欢快的情绪演唱歌曲	★★★★★		
	表述内容完整流畅，能准确地演唱歌曲	★★★★		
	表述内容完整，完整演唱整曲	★★★		
快乐咙咚锵	乐器制作精美、有创意，伴奏合理、流畅，符合节奏特点和歌曲氛围	★★★★★		
	能自制乐器为歌曲伴奏	★★★★		
活力星舞台	内容表述全面完整，分角色模仿拜年场景	★★★★★		
	内容表述恰当，模仿拜年场景	★★★★★		

评价说明：本课时作业内容"新春新乐符"为基础型，评价设计三个等级："快乐咙咚锵"和"活力星舞台"为提升型，只设置两个等级，均用星级表示。

3. 作业分析与设计意图

（1）作业分析

本课时作业为了激发学生学习的兴趣，营造良好的音乐学习氛围，邀请父母共同参与探究。在亲子互动的过程中，不仅能促进家人与孩子的交流，对孩子建立社交模式、人际互动的能力，也有很大的帮助。

新春音乐符：通过了解春节有关的知识或历史及共同合作表演，提高学生的积极性，高效完成课时基本内容的学习。

快乐咙咚锵：自制乐器为体验创造性题目。根据学生的生活实际，用身边的物品制作简易打击乐器，既能创造性的完成课本中"知识与技能"内容，还可以锻炼学生的动手、探索能力。

活力星舞台：感受《小拜年》的音乐风格，通过了解歌曲中庆祝新年的方式，把音乐与生活相结合，让学生与家人一起表演，感受中华传统民俗的无限乐趣。

（2）设计意图

新春音乐符：考查学生对歌曲演唱的掌握程度，将情感教育与审美教育结合，唱好歌曲。

快乐咙咚锵：通过自制简易乐器和编创节奏，增加学生学习的趣味性，培养学生的创造力。

活力星舞台：把音乐与生活相结合，与家人一起感受浓浓的春节氛围。

（天津市滨海新区塘沽洞庭学校　郝　杨）

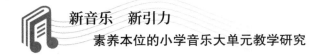

第四节

素养市位小学音乐大单元教学的现实价值

艺术新课标以全面性和综合性为核心理念，突破了传统音乐教学的桎梏。在融合新课标核心教学理念的单元学习中，学生不仅被引领进入音乐的殿堂，学会了如何静心地聆听、感受音乐的韵律与情感，并在丰富多样的实践活动中，勇敢地表现自己、创造音乐。他们学会用明亮的声音和欢快的情绪来演唱歌曲，用纯真的心灵和灵动的身体来感受音乐的节奏与力量。在合作与分享的过程中，学生们提升了自己的音乐技能，增强了民族文化的认同感和自豪感。

一、音乐素养的全面提升

在"大概念"引领的单元教学模式中，学生能够深入把握音乐的基本元素，诸如旋律、节奏及和声等。这一教学模式不仅丰富了学习内容，涵盖了音乐情绪情感、表现要素、体裁形式以及风格流派等多方面知识，还积极倡导学生参与多元化的学习任务，如趣味唱游、音乐聆听、情境表演、听赏评述、独唱合唱、独奏合奏以及编创展示等。整个音乐学习活动在"大概念"的引领下，通过整合性学习，学生能够充分展现其艺术个性与独特性，发展创造力与想象力，并以个性化方式诠释和演绎音乐作品，从而全面促进学生综合音乐素养的提升。

通过跨单元的学习与练习，学生掌握了基本的音乐知识和技能，如歌唱方法、节奏感和音准等。同时，他们还了解了不同风格的音乐作品和乐器特点，提升了音乐的鉴赏能力和表现能力。

二、学生主体性的新体现

新课标将学生的主体性提到了前所未有的高度。它鼓励学生积极参与到音乐活动中，通过亲身的体验和实践来探索音乐的奥秘，培养对音乐的深厚情感。

在"大概念"引领下的单元教学模式中，学生能够获得情感上的深度共鸣，进而激发其无限的想象力与联想力。在单元学习活动的推进过程中，学生围绕"大概念"展开深入的理解与灵活的运用，这一过程促使他们进一步加深对音乐所传递情感的认知与感悟。在多样化、多元化的音乐鉴赏、唱游、演奏等实践活动中，学生沉浸在不同类型的音乐作品所带来的独特艺术氛围中，通过亲身参与和体验，深刻感悟音乐作品所蕴含的情感内涵与艺术魅力。随后，在师生、生生之间的互动交流与思想碰撞中，学生得以表达自己独特的情感见解与内心体验，这一过程有效提升了学生的情感表达能力，使学生更加亲近音乐并深入感悟音乐的内核与本质，从而在情感意识层面产生强烈的认同感与共鸣效应。

此外，这样的音乐教学活动突破了传统教学的局限，从较高维度、较为宏观的层面实现了育人目标。这一活动不仅关注学生音乐知识与技能的传授，更注重学生在情感、态度与价值观等方面的塑造，通过情感与艺术的深度融合，大幅提升了学生的情感表达力及艺术表现力，为学生的全面发展与终身成长奠定了坚实基础，推动小学音乐教育在培养学生核心素养方面发挥出更为深远的影响力，助力学生在音乐的熏陶下成为具有丰富情感、高雅情趣与创新精神的个体。

三、实践能力的显著增强

通过实践性教学和积极参与各类活动，学生的实践能力和解决问题的技巧得到了显著提升。例如，在编创歌词与动作的过程中，学生不仅需要发挥自己的想象力和创造力，还需要与同伴展开紧密的合作和交流。这些宝贵的经历不仅增强

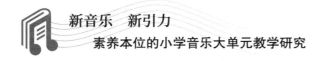

了学生在实践操作方面的能力，还有效促进了他们的社交技能发展。

基于"大概念"引领的小学音乐单元教学模式，为学生提供了一种系统性学习的有效途径。在层次分明、递进有序的教学活动中，学生能够全方位地参与欣赏、表现、创造以及练习等多元化的艺术实践活动，从而深入领略音乐的多样性与广泛性，拓宽音乐视野，丰富音乐体验。

单元教学的核心价值在于引导学生在特定的"大概念"引领下，逐步建立起对单元内各项基本概念的认知框架。这一框架的构建，不仅有助于学生提升对音乐语言的理解能力，还能够增强其音乐表达力，使学生更精准、生动地运用音乐语言进行情感与思想的传达。通过深入探究与实践，学生将逐步揭示音乐的本质及内涵，洞察音乐作品背后所蕴含的深层意义与价值。

在"大概念"的指导下，学生能够灵活地运用所学的音乐知识与技能，进行富有创造性的表达与实践活动。他们能够整合来自不同层次、不同要素的教学内容，对知识体系中的内在逻辑及关联进行清晰的梳理与深入的剖析，从而实现知识的深度整合与迁移应用。这样的教学实践不仅促进了学生音乐素养的全面发展，还培养了学生的创新思维与综合实践能力，为他们在音乐领域的后续学习与深入探索奠定了坚实的基础，有力推动了小学音乐教育向培养学生核心素养的目标稳步迈进。

 以人音版一年级下册第四单元"游戏"作业设计为例

一、单元分析

（一）课标要求

本章内容是人民音乐出版社小学一年级下册第四单元的内容。按照课程标准要求，教学中教师要引导学生掌握以下内容：

1.通过欣赏，开阔学生音乐视野，丰富学生的音乐情感体验，培养良好的审美情趣。

2. 通过活动，引导学生感受歌曲欢快的情绪，培养他们开朗、乐观、自信的性格。

3. 学生在活动中，充分体验乐曲的特点，激发学生表现音乐的欲望。

（二）教材分析

本单元围绕着"游戏"这一主题，根据学生喜爱游戏活动的心理特点，选择了四首中外作品，作品结构多样化，旨在聆听的基础上感受音乐中的游戏，在游戏中体会音乐的魅力，从而培养良好的音乐审美和乐观积极的生活态度。

《火车开啦》是一首活泼、轻快的匈牙利儿童歌曲。全曲节奏简单、明快，旋律多为级进，流畅上口。歌曲具有生活情趣，乐于被一年级小朋友所接受。全曲为四个乐句组成的一段体，采用模声手法，生动地模仿了火车开始的声音效果。

《火车波尔卡》是奥地利作曲家爱德华·施特劳斯早期的一首管弦乐作品，为庆祝一家铁路公司通车典礼而创作。作品为2/4拍，快板，复三部曲式。全曲采用写实的手法，对蒸汽机车启动、加速、行驶、到站做了细致的描绘，让学生们在音乐中拓展文化视野。

《跳绳》选自丁善德1953年所创的钢琴组曲《儿童组曲》。作品结构清晰，音调明亮、爽朗、跳跃，是典型的带再现的三部曲式，生动形象地描绘了儿童天真活泼的秉性和幸福美好的生活画面，是我国早期钢琴作品中难得符合少年儿童纯洁、明澈、活跃心理的佳作。

《拍皮球》是一首欢快的儿童歌曲，共有三个乐句组成，节奏平整，"×× ×〇"这一节奏型的贯穿全曲，四分休止符和八分休止符的运用增加了旋律的跳跃感，让乐曲更加形象有趣，生动地描绘了孩子们一起玩拍皮球游戏的有趣场景。

（三）学情分析

一年级学生活泼好动、好奇心强，善于模仿，具有较强的可塑性，能够使用一些简单乐器表达音乐情感，大部分学生能够自然地演唱歌曲。但是，他们还没有

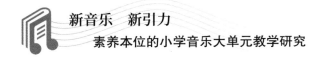

养成成熟的音乐审美,音乐感受能力和表现力提升空间较大。

二、单元学习目标与作业目标

(一)单元学习目标

1. 能在聆听《火车波尔卡》时,用合适的动作表现欢快活泼的情绪。

2. 能用欢快活泼的声音演唱歌曲《火车开啦》,用三声部模拟火车开动的效果,并能和伙伴合作,按图谱用沙蛋、双响筒和三角铁为器乐曲《火车开啦》伴奏。

3. 能用灵巧的歌声,清晰地演唱《拍皮球》,能感受音乐强拍并用动作做出反应。

4. 能气息连贯地发"wu"的声音。

5. 能准确听辨钢琴音色,并随钢琴曲《跳绳》速度变化,用动作做出反应。

(二)单元作业目标

1. 能通过多种形式的课后活动类作业,加深学生对音乐的理解和感悟,用一系列有趣的游戏活动培养学生热爱音乐、热爱生活的情感,让音乐在他们的童年中留下浓墨重彩的一笔。

2. 能利用音乐课堂、托管班、社团或课间游戏等时间,充分开展音乐实践活动;能够运用声势律动、听辨节奏、视听结合、音乐游戏、跨学科结合等多种方式获得音乐知识。

3. 能准确地掌握二分音符、四分音符和八分音符,并能够用体态声势表现音乐,能准确地听辨出钢琴的音色,尝试自制简易打击乐器,并用打击乐器为乐曲伴奏。

三、单元作业设计思路

确立主题:根据最新的《义务教育音乐课程标准》(2022年版)的文件精神,本单元学习内容属于一二年级学段"唱游"的学习范畴,其中包括"趣味唱游""聆听音乐""情景表演""发现身边音乐"这四个方面内容。"游戏"这一单元的作业设计以《"游戏号"音乐乐园环游记》为主题,让学生沉浸式完成单元的作业练习,既贴合课标要求又备受低年级学生喜爱。

本单元作业设计紧扣"游戏"主题，遵循低年级学生认知发展和能力生成的规律，创设了"游戏号"音乐列车开往游戏乐园这一欢乐卡通的生活化学习情境，激发学生完成作业的兴趣，发掘音乐学习本真。"游戏号"音乐列车共途经三个站点，依次为：火车总动员、百变奇妙屋、钢琴音乐城堡，最终到达终点站音乐游戏乐园。

作业评价：主要根据学生在音乐活动中的参与度、完成度和准确度，采用自评、互评、师评和家长评相结合的主体多元化的评价方式。其中值得一提的是，音乐游戏币，在课时作业中是作为教师和家长对学生完成作业的"奖励"，游戏车票作为学生对自我评价的肯定，并由此贯穿课时之间的行进路线，最终到达终点站。

四、课时作业

（一）第一课时——火车总动员

1. 作业内容

（1）经济车厢——连一连：观看三组火车相关视频，根据提供的节奏，边听边连线找出火车鸣笛的声音、火车启动时大车轮发出的声音以及火车加速时小车轮发出的声音。

（2）商务车厢——敲一敲

①为器乐曲《火车开啦》伴奏：三名同学一组或者和家人合作，尝试运用打击乐器敲击"连一连"中的三种节奏型为音乐《火车开啦》伴奏。

②自制乐器：如用筷子敲击玻璃杯模拟三角铁的声音；用矿泉水瓶装进沙子摇晃瓶子模拟沙蛋的声音；用筷子敲击模拟双响筒的声音，可创造性制作乐器，合理即可。

（3）豪华车厢——动一动：车厢规则：播放音乐《火车波尔卡》，当听到主题音乐出现时，以右肩及肘部为轴按"e"形挥动右手小臂，模仿车轮转动，一小节转动一次，一个乐句转动四次，四个乐句为一段。

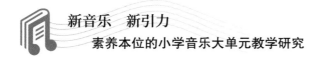

2.评价设计

表1-3 《火车开啦》《火车波尔卡》评价表

自选项目	评价标准	水平	自评	师评
经济车厢	能够听辨出代表火车三种不同声音的节奏型并准确的完成连线	★★★★★		
商务车厢	能制作简易打击乐器;用一件乐器为音乐伴奏;与他人合作用两种或两种以上乐器准确地为音乐伴奏	★★★★★		
豪华车厢	能和家人或同伴用协调的肢体动作表现音乐	★★★★★		

3.作业分析与设计意图

经济车厢:通过观看火车出发、行驶和到站的视频,分辨三种不同节奏并连线配对,提高学生对节奏的理解能力。

商务车厢:学生用喜欢的乐器或自制的打击乐器为音乐伴奏,可提高学生的动手能力和理解音乐的能力;三人合作敲击打击乐器还可培养学生小组合作的能力。

豪华车厢:学生通过随音乐律动模仿火车车轮转动的样子,有效调动听觉专注力,从而更积极地参与到音乐活动中,引发想象与联想,在快乐的氛围中表现音乐。

(天津市滨海新区塘沽紫云小学 韩 冬)

四、文化自信的深厚培养

在精心设计的教学实践中,学生得以深入地沉浸在多元音乐文化的广阔天地之中。他们不仅系统地学习了涵盖传统与现代的丰富音乐知识,更通过参与演奏、合唱等多样化的实践活动,亲身领略音乐所独有的艺术魅力与感染力。这种融合多元文化元素的学习体验,犹如一场深刻的文化洗礼,极大地激发了学生内心深处的文化自信。在这一过程中,学生愈发自豪地肩负起传承与弘扬本民族音乐文化的神圣使命，积极投身于对民族音乐瑰宝的挖掘、保护与创新传承之中，让民族音乐在新时代焕发更加璀璨的光芒。

与此同时，学生也以更加开放包容的心态，积极主动地欣赏与学习来自世界各地的音乐艺术形式。他们在跨文化的音乐交流与碰撞中，拓宽了音乐视野，丰富了音乐审美体验，汲取了多元文化的养分，从而在传承本民族文化的基础上，实现了对世界音乐文化的深度理解和多元融合。这样的教学成果，不仅提升了学生的音乐素养与文化品位，还培养了他们成为具有全球视野与本土情怀的复合型人才，为推动世界音乐文化的交流与发展贡献自己的一份力量。

五、跨学科整合的新境界

音乐，作为一门源远流长的艺术形式，在新课程标准的引领与推动下，突破了传统学科的孤立边界，不再局限于自身的领域内孤芳自赏。它积极主动地与其他学科，诸如文学、历史、美术等，建立起紧密且有机的联系，携手并进，共同开拓综合艺术教育的崭新天地。

在这一跨学科的学习模式中，学生得以跨越单一学科的限制，以更宽广、多元的视野去领略音乐所蕴含的独特魅力与深远价值。通过跨学科知识的融合与碰撞，学生能够在不同学科知识的相互渗透与补充中，深入挖掘音乐与各学科之间的内在联系与共通之处，从而全方位地提升自身的综合素养。这种跨学科的综合艺术教育模式，不仅丰富了学生的知识储备，还培养了他们的创新思维、跨学科整合能力以及多元文化视野，为学生的全面发展与终身学习奠定了坚实基础，推动了教育向着更加综合化、多元化的方向迈进。

六、音乐文化传承与创新的新使命

新课程标准明确指出了音乐教学肩负着双重使命：一方面，要致力于传承中华民族音乐文化的精髓，将那些承载着民族精神与历史记忆的音乐瑰宝代代相

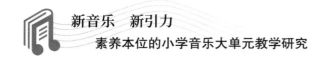
传，让学生深刻领略本民族音乐的独特魅力与深厚底蕴；另一方面，要积极主动地吸收世界各国音乐文化的精华，拓宽学生的音乐视野，丰富其音乐体验。在这样的多元化音乐学习环境中，学生能够充分感受到音乐跨越时空、文化与地域的无限可能，从而在内心深处激发出对音乐的热爱之情以及源源不断的创造力。这种热爱与创造力将成为推动学生深入探索音乐世界的强大动力，促使他们在音乐的道路上不断前行，勇于创新。

更为重要的是，通过多元化的音乐学习，学生在领略世界各国音乐风采的同时，能够更加清晰地认识到自身民族音乐文化的独特价值与卓越地位，进而培养出对本民族文化的深度认可与坚定自信。这种文化自信不仅体现在对民族音乐的传承与弘扬上，更体现在学生能够以开放包容的心态，在全球多元文化的交流与融合中，坚守民族文化之根，展现民族音乐之魂，为推动世界音乐文化的繁荣发展贡献出具有中国特色的智慧与力量。

 小学音乐大单元教学的独特性解读

小学音乐大单元教学彰显出系统性、整合性与情境性等鲜明特征。以人音版教材五年级上册的"故乡"单元为例，可淋漓尽致地展现这些特质。从系统性这一层面而言，此单元紧扣"故乡"这一核心主题，匠心构筑起一套严谨缜密的知识与技能体系。

自《故乡的小路》起始，学生学唱之际，悉心体悟歌曲那如潺潺溪流般舒缓悠扬的旋律，深切感受其中所蕴含的对故乡的浓浓眷恋与深情厚意。与此同时，在教师悉心指导下，学生逐步学习附点音符、切分音等丰富多样的节奏型，精准掌握歌曲演唱中的音准把控与换气技巧，从而为后续一系列作品的深入学习奠定坚实而稳固的根基。伴随单元教学的稳步推进，在聆听《思乡曲》的过程中，学生得以进一步深度感悟旋律犹如灵动波浪般的起伏变化，是怎样丝丝入缕地传达出那令人心碎的思乡惆怅与无尽深情，进而深入透彻地理解音乐表现力与情感表达之间那千丝万缕、不可分割的紧密联系，持续巩固并拓展在旋律分析与情感体会方面的关键能力。在研习《小村之恋》时，教师则着重引领学生透过欣赏其别具一格的音乐风格与精妙绝伦的配器特点，去真切感受不同音乐元素是如何栩栩如生地描绘出故乡的独特风貌与细腻情感，有效提升学生在音乐欣赏与分析领域的综合素养。直至学习《谁不说俺家乡好》阶段，学生在聆听与学唱的交互过程中，全面综合运用之前所学的各类知识与技能，能够游刃有余、精确无误地把握歌曲节奏的灵动变化，以饱含深情、真挚动人的声音纵情演唱，并且勇于尝试深入剖析歌曲中民族音乐元素的巧妙运用以及其所营造出的那浓郁醇厚、令人陶醉的故乡独特氛围。整个教学进程恰似一场精心编排的音乐之旅，有条不紊地层层递进，深刻彰显出高度的系统性与逻辑性。

在整合性维度上，"故乡"单元以其精妙绝伦的设计，将音乐基础知识的传授、音乐欣赏的深度体验、演唱表演的生动实践等多方面内容实现了天衣无缝的有机融合。譬如在学习《故乡的小路》时，笔者不仅以细致入微的教学方式耐心教唱歌曲，还深入透彻地讲解歌曲中诸如装饰音、节奏韵律等乐理知识要点，同时巧妙引导学生用心欣赏歌曲所勾勒描绘出的故乡小路那如诗如画的唯美画面，使其充分感受音乐与视觉形象之间那如梦似幻般的完美交融，深刻体会隐匿于其中的对故乡的深切怀念与炽热热爱。在《谁不说俺家乡好》的教学环节中，更是别出心裁地整合了对民族管弦乐器演奏特色的详尽介绍与精彩欣赏，以及对歌曲所反映的地域文化特色与历史背景进行深入讲解，并且积极鼓励学生踊跃分享自己那独一无二、别具魅力的故乡，促使音乐与地域文化、个人情感等多元知识相互交织、彼此渗透，全方位助力学生从多元视角深度洞察音乐作品所蕴含的丰富内涵与深邃价值。

（天津泰达实验学校　赵术龙）

第二章

小学音乐学科大单元教学模式的学科建构

在小学音乐教学中，以核心素养为导向要求音乐教师进行综合性的课堂教学设计，这一转变促使教学从传统的自然单元单一课时模式转变为大单元教学模式。这一变革核心在于，每一位音乐教师需以学生为中心，建立教学内容之间的结构关联。鉴于音乐学科自身的特点，学生所学的知识技能、方法和情感构成一个整体。因此，教学设计的目标在于培养学生的能力迁移，从而全面提升学生的核心素养。

在小学音乐单元教学模式的探索与建构中，教师应着重关注教学资源整合与利用，深入挖掘音乐学科内外的各类教学资源，如校内外音乐场馆、社区音乐文化活动、数字化音乐教学平台等，将其有机融入大单元教学之中，丰富教学内容，拓展教学空间，提升教学的趣味性与实效性。此外，教师也应着眼于成果联结与素养提升，探索如何将大单元教学的成果有效转化为学生核心素养的提升，通过建立科学的评价体系与反馈机制，及时监测学生的学习进展，精准把握教学效果，为教学的持续改进与优化提供有力依据，从而实现小学音乐教学从知识传授向素养培育的深度转型，为学生的全面发展与终身成长奠定坚实基础。

　　本章以核心素养培育目标为坚实根基，全方位、多维度地对小学音乐学科的大单元教学设计展开深入探究。研究聚焦于教育理念与教学设计层面，旨在构建契合核心素养要求的教学理念框架，并据此精心雕琢教学设计方案，确保教学活动的科学性、系统性与实效性。在课堂实施环节，通过精心挑选的教学示例，生动展现大单元教学在实际课堂中的操作流程与实施效果，为教师提供直观、可借鉴的教学范式。

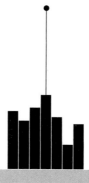

第一节

◆

理论基础：教育理念与教学设计

在教育实践中，明晰的教育理念犹如一座明亮的灯塔，为教学设计的精准定位与科学规划提供方向指引。教学设计则是教育实施过程中的关键支撑，恰似一座稳固的脚手架，为教学活动的有序开展搭建起坚实的框架。在致力于构建小学音乐课堂的大单元教学模式这一创新教学探索中，首要且至关重要的任务是深入探究大单元教学模式的内涵定义，精准把握其本质特征与核心要义。通过对定义的剖析，为小学音乐大单元教学模式的构建奠定坚实的理论基础与实践依据，从而确保教学模式的科学性、前瞻性和适应性，推动小学音乐教学向着高质量、内涵式发展的方向稳步迈进。

大单元教学模式，本质上是对传统碎片化教学的超越，通过整合教学内容，形成一种结构化的、整体性的教学策略，从而更好地服务于学生的核心素养培养。这一模式的起源可以追溯至20世纪的教育改革运动，当时教育学者开始反思分科教学的局限性，倡导以主题或概念为中心的教学组织形式，以增强学习的连贯性和深度。随着时间的推移，大单元教学模式逐渐发展，特别是在新课程标准的指导下，其内涵更加丰富。它不仅关注知识的整合，更强调了在单元整体视域下，教学评的一致性设计，以目标为导向，实践驱动，评价作为巩固学习成效的阵地，这进一步丰富了大单元教学模式的实践策略。

大单元教学模式的理论基础还涵盖了认知心理学和社会建构主义理论。前者

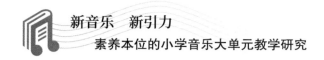

强调知识的结构化和迁移，后者提倡在情境中学习和合作探究。这种模式鼓励学生在真实情境中解决问题，通过实践活动深化理解，从而促进其音乐素养的全面发展。

一、教育理念的根本转变

人民音乐出版社（人音版）音乐教材在编纂过程中，积极贯彻落实新课程改革理念与新课程标准要求，其教学目标的设定实现了从传统的"知识与技能、过程与方法、情感态度与价值观"三维目标向当下以"核心素养"为核心的转变。这一转变标志着音乐教育从注重知识传授与技能训练的单一维度，向培养学生综合素养、促进学生全面发展的重要跨越，体现了音乐教育在新时代背景下的价值追求与育人目标的深刻变革。

传统的"三维目标"包括知识与技能、过程与方法、情感态度与价值观三个维度。这一目标体系在一定程度上突破了单一的知识传授模式，强调了学生在学习过程中的体验和情感发展。然而，三维目标在实际教学中仍存在一些局限性，如目标的分散性和操作性不强，难以形成系统化的教学体系，导致教学效果的碎片化。核心素养的提出，旨在解决三维目标的局限性，强调学生在教育过程中应具备的必备品格和关键能力。核心素养不仅涵盖了知识与技能，还包括了情感态度、价值观等多维度的综合素养。这一理念的提出，标志着教育目标从"学科本位"向"以人为本"的转变，更加注重学生的全面发展和终身学习能力的培养。

在新课标核心素养视域下，音乐大单元教学模式应运而生。该模式并非对传统自然单元教学的简单延续，而是在尊重自然单元教学内容体系的基础上，大胆尝试突破其固有的局限性。通过对某一特定阶段音乐学习内容的深度挖掘与整合，教师从宏观层面进行整体的统筹规划，将零散的音乐知识点、技能训练项目以及情感体验活动等有机串联起来，构建起一个系统化、结构化的教学单元整体。在这一过程中，教师依据学生的认知发展规律、音乐学习特点以及核心素养培育目标,精心设计教学流程,合理安排教学活动,巧妙设置教学情境,引导学生在丰富的音乐实践中,实现知识的内化、技能的提升以及情感的升华。

这种基于自然单元又超越自然单元的大单元教学模式,充分发挥了教学内容的整体协同效应,避免了传统教学中知识点与技能训练的碎片化、孤立化问题,使学生能够在连贯、有序的教学进程中,逐步建立起完整的音乐知识体系与技能架构。同时,通过跨单元、跨领域的知识融合与迁移,拓宽了学生的音乐视野,培养了学生的创新思维与综合实践能力,从而在有限的教学时间内,显著提高教学效率,实现了音乐教学效益的最大化。

二、大单元教学策略的设计逻辑

大单元教学是一种以学生为中心,将知识、技能和态度融为一体的教学模式。新音乐教材中所倡导的大单元教学模式强调以整体性的视角来组织教学内容和活动,通过整合课程资源、联系新旧知识点、构建评价体系等方式,为学生提供一个连贯、系统且富有实践性的学习过程。

人音版小学教材共 12 册,92 个单元。单元众多,每个单元的主题十分鲜明。经过梳理,不难发现其实有些单元之间的联系非常密切。例如,歌颂祖国的有一年级"祖国您好";三年级"爱祖国";四年级"歌唱祖国"等。描写动物主题的有一年级"长鼻子";二年级"咯咯哒""兽王"等,弘扬民族国粹的有四年级"龙里格龙";五年级"京韵";六年级"京腔京韵"等。还有包括地方民歌、神话故事、人间真情、描写动植物等主题。

大单元教学模式的构建根植于深厚的理论基础,该体系广泛汲取了心理学、教育学等多个学科领域的精髓。它摒弃了传统教学模式中孤立、片段化的弊端,转而强调知识的连续性、结构化以及迁移能力的培养。在这一模式下,教学不再局限于单个知识点,而是注重从整体角度出发,培养学生的认知能力。尤为重要的是,大单元教学模式展现出了强大的联动能力,能够有效地促进跨单元课程教

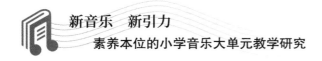

学与知识的深度整合，为学习者提供了一个更为广阔、连贯的学习视野，从而有力地推动了学生综合素养的全面提升。

（一）梳理基本问题与问题链

在教育领域，问题被视为思维的起始点，而学习本质上是一个不断发现问题并解决问题的动态过程。一个精心设计的有效问题，能够引导学生置身于既有趣又贴近现实的问题情境之中，从而激发他们内心深处的浓厚好奇心与强烈的求知欲。这一个问题还有助于学生逐步发展出对知识概念性的深刻理解，进而显著提升音乐学习的效率与质量。

进一步而言，激发学生进行思考与探索的过程，不仅能够鼓励他们揭示出更多的问题，还促使他们进行深入思考，不再满足于获取标准答案。最为理想的问题，不仅加深学生对某一特定主题单元内容的理解，还能够激发他们对不同知识领域之间联系与迁移的思考，从而实现知识的深度整合与拓展应用。

与那些具有明确导向性、引导性以及启发性的问题相区别，具有探索性的"真"问题往往呈现了开放性的特点。这类问题并不聚焦于寻求唯一的、最终的、正确的标准答案，而是旨在引领学生进行深度反思与持续思考。这些问题促使学生从多角度、多层次去审视问题，探索多种可能的解决方案，从而培养他们的批判性思维、创新能力和问题解决能力。

在音乐教学中，提出这样的"真"问题，能够引导学生在音乐的创作、欣赏与表演过程中，不断探索音乐的内在规律与情感表达，进而提升他们的音乐素养与艺术鉴赏力。例如，在分析一首音乐作品时，教师可以提出开放性问题，如"这首作品在不同文化背景下可能引发哪些不同的情感共鸣"或"如果让你重新创作这首作品的某个部分，你会如何表达"这些问题不仅能够激发学生的创造力，还能够促进他们对音乐文化的多元理解，培养他们的跨文化交际能力与全球视野。

"真"问题也是具有关联性的问题，基本问题关联的是核心素养，非基本问题常专注事实性的知识，指向的是"是什么""对不对"；而基本问题关注的则是概念性的知识，聚焦的是"是什么""会怎么样""如何做"，对接艺术学科的"审美感知、艺术表现、创意实践、文化理解"等核心素养。

"真"问题还是富有典型性的问题，基本问题是重要和永恒的。这些问题从本质上看范围广且普遍存在，在学生的学习生涯中多次重复出现，增进学生对概念性问题的理解。此外，"真"问题也是整体性的问题。基本问题的"真"与"假"并不是由问题本身的表述方式决定的，而是取决于其目的、对象、背景和影响。

问题在教学过程中扮演着至关重要的角色。通过设计有效且有探索性的"真"问题，教师能够引导学生在音乐学习的旅程中，不断发现问题、解决问题，从而实现知识的深度理解与能力的全面提升。这种以问题为导向的教学模式，不仅能够提高学生的音乐学习效率，还能够培养他们的综合素养，为学生的全面发展奠定坚实基础，推动音乐教育在新时代背景下实现更高层次的目标。

（二）突出目标层次，细化教学目标

音乐学科作为当下美育课程中必不可缺少的一门课程，其重要程度从某种角度上来说并不低于主学科，因此教师在做音乐教学的计划和统筹时，就不能像之前那样以"讲音乐"的方式进行，而是应该以"解决学生问题，培养学生爱好"为目标，使音乐变得更"有意义"。音乐教师在进行统筹设计时首先要深入研究单元内容，依据学生的学习特点进行设计。通过大单元教学设计，学生在学习知识时就不再是碎片式的，而是由点到线、由线到面的过程，从而实现多元化知识的学习。

教学目标是教学活动的出发点。依据大单元教学目标，以单元主题内容为明线，以音乐知识技能为暗线，通过解剖教材和分析学情来进行小学音乐教学活动。因此，大单元教学目标要全面性、拓展性、系统性。教学目标既要有三维目标，又要以核心素养为导向；既要考虑到本单元与其他学习单元的关系，又要能适度分解课时目标。

在设定教学目标时，首先应依据课程标准，其次再结合学生学情。《义务教育

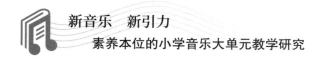

艺术课程标准（2022年版）》中明确规定了艺术课程要围绕核心素养，体现课程性质，反映课程理念，确立课程目标。

 以人音版一年级下册第六单元"时间的歌"教学设计为例

一、学习内容

本单元以"时间的歌"为主题，包含四首曲目。两首演唱歌曲《这是什么？》和《时间像小马车》，两首管弦乐作品《在钟表店里》和《调皮的小闹钟》。拓展了播放视频《四季更替》、响乐团版本以及合唱版本的《调皮的小闹钟》《在钟表店里》音乐动画以及歌曲《明日歌》。本单元共计四课时。

二、学情分析

一年级的学生活泼好动，对音乐有着浓厚的兴趣，已具备演唱简短歌曲的能力，并认识一些基础的节奏，但音乐聆听习惯、歌唱习惯和合作表演等学习习惯处于培养的初级阶段。通过情境创设、游戏等趣味化的教学手段，激发学生学习兴趣，培养学生良好的音乐学习习惯，丰富学生音乐素养，提高学生体验音乐、表现音乐的能力。

三、单元学习目标

1. 引导学生初步懂得时钟的作用和时间的意义，明白时间一去不复返的道理，使同学们珍惜时光，懂得利用人生有限的时间多学本领，成为对祖国有用的人。

2. 以情境创设为线索，通过感受、体验、探究、合作、编创等方法聆听和演唱乐曲，能够运用身体律动和小乐器配合伴奏表现音乐，感受乐曲所带来的不同的音乐形象。

3. 能够用自然的声音演唱歌曲，积极参与音乐活动，在活动中体会横拍，并能够用基本音乐要素进行创编活动。

四、相关文化链接

1. 回旋曲式：西洋音乐曲式结构之一。其基本原则是主要主题周而复始地循环往复，在其重复之间，插以对比性格的插部（副题），在回旋曲中，主要主题至少要呈现3次。

2. 重唱：重唱是声乐演唱形式之一。指两个以上的演唱者，各按自己所分任的声部演唱同一乐曲。按声部或人数分为二重唱、三重唱、四重唱、五重唱、六重唱等。

3. 交响乐队：交响乐队是一种大型的管弦乐队。交响乐队一般包括五个器乐组，即弦乐组、木管组、铜管组、打击乐组和色彩乐器组。

4. 恒拍：恒拍就是恒定不变的拍子，速度恒定，强弱恒定，是一种存在用心的节奏感，是身体能量的持续应用。

5.《明日歌》：改编自明代钱福的《明日歌》，由谷建芬监制、作曲，张宏光编曲，收录于《新学堂歌》。

（天津市滨海新区新北第二小学　刘彦茹）

由此可见，大单元教学模式绝不仅仅是教学策略的简单更迭，更是教育理念深度演进的生动体现。该模式在小学音乐教学中的应用，不仅为学生音乐知识体系的系统构建与音乐技能的稳步发展提供了坚实支撑，更在核心素养的培育与提升方面发挥了不可替代的关键作用。

大单元教学借助系统化、科学化的教学设计，能够有效激发学生的学习热情，引导他们在丰富的音乐学习情境中积极探索、勇于创新，进而培养出敏锐的批判性思维能力。这些素养的培育，使学生更好地适应未来社会对人才提出的多元化、高标准要求，为其在音乐领域的持续成长与全面发展奠定坚实基础，推动小学音乐教育向着更高层次、更具内涵的方向迈进，助力学生在音乐的滋养下成长为具有创新精神、批判意识与综合素养的现代公民。

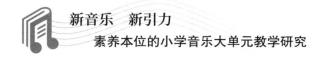

第二节

实践应用：课堂实施与教学示例

大单元教学模式着重于围绕核心主题展开深度教学活动，通过综合运用多样化的新型教学资源与创新教学方法，全方位促进学生对知识的深度理解与牢固掌握，从而有效提升教学质量和学生的学习成效。这种模式有助于学生构建知识体系，激发学生的学习兴趣和探究欲，特别是在音乐这一富有创造性和表现力的艺术领域，通过大单元教学，激发学生的想象力，促进创造性思维的发展。学生可以在更广阔的背景下体验声音的艺术之美，深入理解情感和文化，构建综合连贯的学习环境，从而全面提升其音乐素养，为终身学习打下坚实的基础。

一、立足教材明晰大单元教学主题

在"大概念"引领下的小学音乐单元教学实践中，教师应高度重视单元大概念的挖掘与提取工作。这一过程要求教师紧密结合具体的教学内容，充分考量学生的知识储备与技能基础，对单元内的知识进行系统化的整合与梳理，并构建一个连贯、完整且内涵丰富的学习单元。在此基础上，教师需站在全局的高度，运用多维度、多元化的视角深入挖掘大概念的丰富内涵，创造性地使用课本教材，对教学内容的结构进行重组与优化。通过这样的教学设计，增强学生在音乐学习过程中的情感体验，引导他们在特定的大概念引领下，逐步形成对单元学习的整体认知框架。这一框架的有效构建，将为学生后续参与高质量的单元学习实践活动提供坚实的支撑,助力学生在音乐学习的道路上实现深度参与与全面发展,推动小学音乐教育向着培养学生核心素养的目标稳步迈进。

 以人音版一年级上册第六课《龙咚锵》教学设计为例

一、教材分析

《龙咚锵》是人音版教材第六单元"过新年"主题里面的一首运用汉族民间音调创作的儿童歌曲。五声宫调式,由起、承、转、合四乐句构成的一段体结构。本单元以"过新年"为主线,在唱游教学中融入演唱、演奏、编创、欣赏、律动、舞蹈等内容,拓展了解家乡的新年文化相关知识,在艺术实践活动中渗透演唱和演奏的基本姿势、方法、音准、节奏等音乐基础知识、基本技能。《龙咚锵》这首歌曲主要运用了节奏重复,旋律级进、重复,前两乐句歌声与锣鼓声交替,转句开始将锣鼓的节奏与歌唱的音调结合在一起,强调了热烈的气氛,抒发了小朋友们敲锣打鼓庆新年的欢乐心情。在这节课中要让学生认识锣鼓镲并尝试自制生活乐器,尝试从旋律、节奏、力度、速度、音等基本音乐要素及文化背景方面感受中西方音乐的不同,开阔文化视野,尊重文化差异,在传统文化的浸润中提升核心素养,培养民族精神,建立文化自信。

二、学情分析

根据《义务教育艺术课程标准(2022年版)》要求,一年级学生初步了解中国音乐文化和世界多元音乐文化,过新年是学生非常熟悉又喜爱的传统佳节,是了解中华传统文化极好的切入点,一上第6课《过新年》、二下第8课《新年好》承上启下,都体现了春节的喜庆欢腾。本单元教学在听、唱、奏、舞、创等"过新年"音乐实践活动中体验音乐的情绪,感知、表现中西方过新年的快乐,初步了解中国新年音乐基本特征,初步感受中西音乐文化的不同,唤起爱国、爱家乡的情感。本节课根据单元内容的要求,结合本节课的特点主要采用趣味性和互动性的音乐

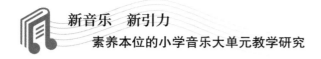

教学方法。通过模仿、游戏、动画、实物展示等吸引学生的注意力,帮助他们在实践中掌握音乐新知识。

三、教学目标

1. 审美感知:掌握四二拍强弱规律及歌曲节奏。了解民族乐器锣、鼓、镲了解其演奏方法,分辨其音色。

2. 艺术表现:感受中国传统过新年热闹的音乐情景,体会过年的愉快心情,并有感情地演唱歌曲。

3. 创意实践:学习正确的演唱姿势,培养良好的歌唱习惯。

4. 文化理解:了解多元文化,培养学生的创编能力、表现能力和创造能力,提高学生的音乐综合素养。

四、教学重点与难点

1. 指导学生在演唱中通过聆听,唱准"龙咚|龙咚|锵○|",用欢快、活泼的声音演唱歌曲。

2. 探索锣鼓镲的演奏方法控制好音量为歌曲伴奏,表现歌曲热烈喜庆的气氛。

(天津泰达实验学校 赵术龙)

二、基于"大概念"融合编排课程内容

"大概念"在小学音乐单元教学中具有核心地位,它能够集中且深刻地反映单元的主题思想与艺术价值。教师在设计单元教学目标时,应从"大概念"的视角出发,精准定位音乐学科的关键能力与高位内容,确保教学目标不仅具有明确的指向性,还具备强大的迁移性与导引性。这意味着,教师在制定单元教学目标的过程中,需将"大概念"作为内核,紧密围绕音乐学科核心素养,精心构建一套系统、合理且具有层次性的教学目标体系。

因此,在明确了清晰的主题之后,教师需要对课堂内容进行深入的分析,解答在自然单元里"如何将教学知识串起来"这个问题。首先,了解每首音乐作品,

吃透教学内容，找到每一首音乐作品之间的关联，找到学科知识的逻辑关系，既可以是同一音乐知识点的关联，也可以是同一主题内容的关联，还可以是知识点的递进；然后在本单元教学中导入以前学过的内容，这样就形成了上下贯通；最后，还可以根据本单元的主题内容，合理地拓展相关音乐教学资源，加深学生学习的维度，全面掌握单元教学的结构，更好的达成能力迁移，提升核心素养。

这样的教学目标体系，有效支撑并导引整个单元教学活动的开展，使教学活动呈现出更强的逻辑序列性与目标导向性，从而引领学生在音乐学习的旅程中，逐步实现从掌握知识技能到全面提升核心素养的转变，为学生的音乐学习与发展奠定坚实基础。

 以人音版五年级下册第五单元"京韵"教学设计为例

本课以"京韵"为大单元教学主题，共四学时，选编京歌《京调》和《我是中国人》作为学唱作品，聆听笛子与乐队《京调》和现代京剧选段《要学那泰山顶上一青松》作为聆听作品进行学习。为了更好地使学生感受、欣赏、表现、创造京韵美，在自然单元的基础上，拓展了京歌《故乡在北京》《唱脸谱》、京剧《智取威虎山》《玉堂春》《打渔杀家》《定军山》《穆桂英挂帅》等经典唱段。为了使学生更加了解祖国博大精深的戏曲文化，还拓展了黄梅戏《女驸马》、豫剧《花木兰》、越剧《红楼梦》等经典唱段。

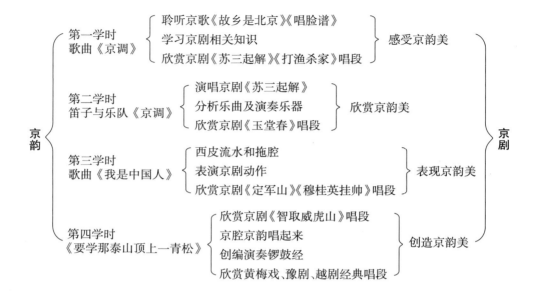

图 2-1 单元作品结构分析

单元学习目标：

一是对京剧产生兴趣，通过感受、欣赏、表现、创造京韵美，增强对中华民族艺术的感情，激发学生热爱家乡、热爱祖国的情感，培育学生继承和发扬革命传统的热情。

二是通过学习了解和聆听以及参与演唱，启发学生积极感受与体验京剧京韵，提高学生鉴赏京剧的能力。

三是了解京剧的四大行当、四大功夫、脸谱、伴奏乐器，到唱腔、板式、锣鼓经等基本知识，学做几个京剧的造型动作，乐于合作，进行锣鼓经表演。

表 2-1　单元学习目标

学科素养	学段目标（3—6 年级）		课时学习目标
审美感知 艺术表现 创意实践 文化理解	1. 具有丰富的音乐情绪，激发爱国之情，增强对音乐的兴趣 2. 培养音乐感受与欣赏的能力，初步养成良好的音乐欣赏习惯 3. 能自信地、有感情地演唱，乐于参与演奏及其他音乐表现、创造活动 4. 培养艺术想象力和创造力，研究、即兴表演和创编活动展现创意 5. 培养乐观的态度和友爱精神，增强集体意识，培养合作能力 6. 增进对中国音乐文化的了解和喜爱之情	演唱《京调》	1. 通过图片和音像资料，了解京剧的脸谱、四大行当和四大工夫 2. 学唱《京调》，体验京剧西皮原板的声腔和节奏特点，并掌握歌曲中的八分休止符和切分节奏型 3. 通过打、念、唱、做、说、演等富有创造性的活动，让学生走近国粹京剧，感受京剧的京韵美
	1. 音乐表现要素：在感知音乐的节奏和旋律的过程中，能够初步辨别节拍的不同，体验二拍子、三拍子、四拍子的律动感；能够听辨旋律的高低、快慢、强弱；能够感知音乐主题，区分音乐基本段落，能够运用体态或线条、色彩做出相应的反应音乐情绪与情感，听辨不同情绪的音乐，能够做简要描述；能够体验并简要描述音乐情绪的变化；能够认识常见的中国民族乐器和西洋乐器，并能听辨其音色	聆听笛子与乐队《京调》	1. 感受体验器乐曲《京调》中的戏曲元素与京剧韵味，欣赏京韵美 2. 模仿京剧角色身段，通过参与表演活动进一步体验作品的京腔京韵 3. 听出乐曲的主奏乐器——曲笛，认识民族管弦乐队
		演唱《我是中国人》	1. 通过演唱歌曲，体会歌曲自豪、骄傲的情绪，增强民族自豪感 2. 通过学唱《我是中国人》，领略京剧西皮流水的韵味 3. 通过设计一些京剧台步、亮相等动作，培养学生创造能力，小组合作表演，在表演中更加深入的体验京剧京韵的魅力
		聆听《要学那泰山顶上一青松》	1. 对京剧产生兴趣，有积极学习了解表现的愿望，增强对中华民族艺术的感情。激发学生热爱家乡的情感，培养学生继承和发扬革命传统的热情 2. 通过学习了解和聆听以及参与演唱，积极体验与感受京剧，提高鉴赏京剧的能力 3. 学习了解京剧的唱腔板式以及现代京剧等基本知识，创编锣鼓经片段，体验创造京韵美

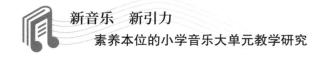
相关文化链接：

1.京剧的经典唱段和京剧表演艺术家们,如:《智取威虎山》《玉堂春》《打渔杀家》《定军山》《穆桂英挂帅》等经典唱段,认识梅兰芳、孙毓敏、王平、李胜素、童祥苓等京剧表演家们。

2.京剧的行当、功夫、脸谱、伴奏乐器、唱腔、板式、锣鼓经等基本知识。

3.京歌、传统京剧、现代京剧含义。

4.京剧演唱中大嗓、小嗓的发声方法和拖腔的演唱方法。

5.会做京剧表演动作,如旦角的兰花指、生角的抖袖整冠等。

6.认识曲笛与民族管弦乐队编制。

7.其他戏曲种类,如:黄梅戏《女驸马》、豫剧《花木兰》、越剧《红楼梦》。

教材分析:歌曲《京调》是人民音乐出版社五年级下册第五课《京韵》中一首歌曲。它是根据民族管弦乐曲《京调》主题音乐填词而来,C调,2/4拍,唱腔属西皮原板,歌曲简化了音乐的旋律和节奏,学生学起来更容易接受,方便演唱。四句短小精炼的歌词,蕴含了京剧的四大行当、脸谱、表演形式以及乐队伴奏形式等相关知识,在富有浓郁的京剧韵味中传递了中国博大精深的京剧艺术文化。

课前准备:钢琴、希沃课件、微课、打击乐等。

教学过程:

一、初识京剧

1.欣赏《故乡是北京》

教师:我们欣赏歌曲《故乡是北京》,同学们还有印象吗? 学生:有。教师引导学生聆听并思考歌曲吸取了中国哪种戏曲或曲艺唱腔的元素。学生回答京剧。教师:同学们,京剧是我国的国粹。至今已有近二百年的历史。它的唱腔细腻、浑厚、耐人寻味。教师引导学生说出京歌是把戏曲唱腔和歌曲结合起来的一种艺术形式。

2.认识京剧脸谱

教师:我们再来听一首京歌,说一说你都听到了什么? 学生:歌曲里提到了红脸的关公、白脸的曹操和黑脸的张飞。

教师：这首《唱脸谱》中出现了众多的脸谱。观看图片，教师引导学生说出京剧脸谱的含义，并提出脸谱的颜色不同，对应的人物性格也不尽相同，不同的人物有不同的脸谱。

3. 了解四大行当

教师：同学们，你们知道在京剧中除了有脸谱还有四大行当吗？京剧的四大行当是生、旦、净、丑。

教师播放京剧各个行当的图片，逐一介绍，并简单介绍四大名旦：梅兰芳、尚小云、荀慧生、程砚秋。

4. 了解四大功夫

教师：京剧还有四大功夫，结合课件，教师讲解唱、念、做、打。学生认真观看学习。

【设计意图】京剧的脸谱、四大行当和四大功夫让学生初识京剧，激发学生学习京剧的兴趣，为后面的学习做准备。

二、学唱《京调》

1. 引主题，激发学习兴趣

教师：京剧真是一门综合的艺术，博大精深，不愧为我们的国粹！今天我们学习一首京歌，歌词蕴含了京剧四大行当、四大功夫、脸谱和伴奏形式等内容，把这些演唱出来会是怎样的呢，让我们一起来听听吧！

2. 听京歌，初步感受歌曲

听完这首歌曲，你的感受是怎样的呢？（引导学生畅所欲言）

教师：这首歌曲虽短小，但歌词内容很全面。今天，我们学习这首京歌《京调》。教师板书课题。

3. 拍节拍，了解唱腔板式

教师：再来聆听一遍，你能听出歌曲的节拍吗？可以边听边打节拍，强拍拍

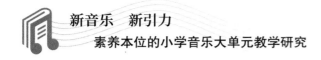

手，弱拍拍腿。教师跟伴奏演唱。（2/4 拍）

教师：观看微课（3′），了解京剧的唱腔特点，认识西皮和二黄，西皮唱腔明快高亢，刚劲挺拔，适于表达欢乐、激越、奔放、活泼的感情，西皮是京剧的主要唱腔；二黄唱腔一般较为沉着稳重、凝练严肃。了解京剧的板式，在京剧中，强拍为"板"，弱拍或次强拍为"眼"，板式大致分为四类：

（1）一板三眼（四拍子）。

（2）一板一眼类（二拍子）。如：原板。

（3）有板无眼类（一拍子）。如：流水板。

（4）散板类（节拍自由）。

通过微课的学习，学生认识到这首歌曲唱腔板式是活泼的西皮原板（一板一眼，也就是 2/4 拍），也叫有板有眼。学生按标记打节拍，并听出是 2/4 拍，体会西皮原板的特点。

4. 打躲板，解决八分休止符

教师：接下来，请同学们听一听，老师这次是在什么地方打板？

学生：八分休止符。

教师：刚才，老师在五处八分休止符打拍，这种形式叫"躲板"，我们一起来打躲板。学生进行打躲板，解决八分休止符的节奏难点。

【设计意图】初听歌曲，通过拍手体验京剧的一板一眼，提高学生的学习兴趣。通过多次反复聆听，引导学生找到歌曲中出现频率较高的八分休止符，并运用打躲板的方式，巧妙地解决了难点节奏问题，让学生体会节奏的特点及其京剧的魅力。

5. 再聆听，练习京腔发声

教师：同学们猜一猜这首京歌采用了四大行当中的哪个唱腔？

学生：旦角唱腔。旦角唱腔的特点是多假声演唱。

教师：学生们要想唱好京戏，一定要字正腔圆，为统一规范声音，我们先来一个发声练习。

（1）波浪音练习

教师：请同学们起立，身体保持正直。首先我们来练习波浪音，请同学们伸出右手，手心朝下，做波浪的动作，用"yi"和"a"作母音进行练习。学生进行发声练习。

（2）螺旋音练习

教师：请同学们伸出右手，指尖朝下，做螺旋上升的动作，用"yi"和"a"作母音进行练习。学生进行发声练习。

6.念歌词，掌握切分节奏

教师：经过高位置的发声训练后，接下来我们用这个方法念歌词。在京剧中，念歌词也称为"念白"。

教师：请同学们找出歌曲中的切分音在哪里？（教师引导学生找到角色、五色的、脸上三处切分音，"口传心授"进行模仿朗读歌词，并板书）

学生跟老师进行高位置模仿念白，并找出三处切分音，跟着老师模仿念歌词，解决切分音节奏难点。

7.唱京调，感受京腔韵味

（1）填词演唱

教师：朗读时，我们用高位置，那么也带着高位置来尝试演唱。

教师通过"口传心授"方式进行教学，教师范唱，学生模仿演唱，教师指导。

（2）难点句解决

教师在歌曲最后一个乐句画旋律线，边唱边画。

教师：同学们发现这句旋律有哪些特点？

学生：旋律有时高，有时低，起伏比较大。

教师：这一乐句的旋律起伏较大、情绪活泼欢快，像这样的唱腔是西皮腔。

教师：哪个字力度有变化？

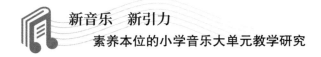

学生："演"字。

教师：渐强变化的演唱提高了声势，下面我们演唱这一句。

（3）完整演唱

教师：完整演唱，分组演唱，师生互评。

学生演唱不同的速度，自由说出感受。（希沃白板软件中节拍器的功能，教师使用不同速度来进行歌曲教学）

【设计意图】京腔的发声训练，为后面学习的念白和演唱作铺垫。通过体验京剧的"念"功，解决切分音节奏难点，了解西皮原板。希沃白板软件中节拍器的应用，巧妙的进行歌曲不同速度演唱，层层递进，并引导学生积极感受京韵美。

三、拓展歌曲

1. 做动作，感受京剧魅力

教师跟音乐完整表演歌曲，指导几个京剧动作。

学生模仿，进行京剧动作的表演，学习旦角的兰花指。

2. 说乐器，了解京剧伴奏

教师：同学们，京剧是身、眼、手、法、步完美的结合，四年级我们已经学习了京剧的伴奏乐器，这节课我们加上武场乐器鼓板、锣等进行伴奏，同学们，想一想怎么样用他们伴奏呢？学生尝试并进行表演。

3. 看视频，体验京剧表演

教师：同学们，这首《京调》旋律采用的是中国传统京剧《玉堂春》中《苏三起解》的唱段，让我们一起来欣赏由四大名旦之一的梅兰芳先生演唱的这个唱段吧（3′），体验京剧魅力。

京剧流传全国，有"国剧"之称，是我国第一批国家级非物质文化遗产，接下来，我们欣赏梅兰芳先生演唱的传统京剧《打渔杀家》中西皮原版唱段"老爹爹清晨起"（2′30″），指导学生模仿旦角的京剧动作，再次感受京剧京韵美！

【设计意图】演唱中加入京剧表演动作，感受京剧的魅力，进一步培养学生的创编和表现能力,体验了京韵魅力。通过欣赏传统京剧,为聆听笛子与乐队《京调》做铺垫,感受京韵美。

四、课堂小结

教师:同学们,京剧是我国国粹,希望同学们在今后的学习中能多学习京剧,了解中华优秀传统文化,并将其传承下去,发扬光大!

（天津市滨海新区塘沽紫云小学　陈　楠）

三、聚焦深度学习优化单元活动

在小学音乐单元教学活动中,教师应将深度学习作为核心追求,致力于优化单元教学活动的设计与实施,引领学生全身心地投入学习体验,从而充分激发他们的综合感知能力。深度学习不仅关注知识的传授,更注重学生对知识的深度理解和批判性思考,以及知识在实际情境中的应用与创新。

 以人音版五年级下册第五单元"京韵"教学设计为例

教材中安排了四首与京剧有关的音乐作品:现代京剧《要学那泰山顶上一青松》,京韵浓郁的笛子与乐队演奏的《京调》;充满京腔京韵的戏歌《京调》《我是中国人》;其中聆听曲目《京调》是根据京剧音乐的典型音调编写而成的经典作品,而学唱歌曲《京调》则是根据这首经典曲目的主题音乐填词而成。结合教材内容和大单元教学,本单元安排学习内容都是关于京剧、戏曲的内容。教师还安排复习二年级现代京剧《都有一颗红亮的心》、三年级欣赏曲《打猪草》、四年级欣赏曲京歌《故乡是北京》,并拓展延伸至欣赏京韵歌曲《唱脸谱》、传统京剧《苏三起解》、现代京剧《智斗》、传统京剧《铡美案》,以及地方戏曲欣赏《对花》《谁说女子不如男》《天上掉下个林妹妹》;还安排了京剧知识、京剧的行当、传统京剧到现代京剧的演变。共计三课时。以上内容旨在让学生通过作品感受、体验京剧、戏

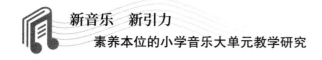

曲艺术之美，激发他们对民族音乐的热爱之情。

五年级的学生已经具备了较为基本的音乐欣赏、描述以及表现的能力。他们在学习过程中也接触过京剧，四年级学过《龙里格龙》单元掌握一些京剧知识。设计本单元的教学时，考虑学生的实际情况，从他们感兴趣的内容和方式为切入口，设计多种手段教学方式，唱、演、动、赏、析，提升学生对于京剧及戏曲文化理解，演唱京剧的水平和合作编创能力。在教学中，注重多形式的重复和知识的有序整理，以加深学生对京剧及戏曲的理解，学生在学习中反复、纵向、跨度学习京剧相关知识，在大单元理念下将知识内部连带，学的扎实牢固。也注重提升他们对音乐的理解能力，并激发学生积极主动主去进一步深度学习，点燃学生表现京剧、音乐的热情。

（天津市滨海新区塘沽胡家园学校 孙海荣）

综合上述内容与教学案例，教师在设计单元活动时，需从多个维度进行统筹考量，包括教学目标的设定、教学内容的选择、教学方法的运用以及教学评价的实施等。通过对教学各个环节的细致规划与精心设计，为学生搭建起富有层次感与挑战性的学习平台，并支撑他们完成具有个性化与创新性的单元学习实践。这样的教学设计，能够使学生在深度参与中实现知识的内化与迁移，提升音乐素养，培养综合能力，为学生的全面发展与终身学习奠定坚实基础。

第三节

◆————————————————————————————————

结构优化：教学资源整合与利用

大单元教学设计旨在把自然单元或非自然单元的相关内容联结起来，使学生学习的维度变得更广。音乐大单元教学设计以核心素养为基础，以音乐学科的某一内容为主题，既能充分展示音乐学科丰富的知识和技能，又能加深学生对音乐学科内在逻辑及其与世界广泛联系的理解，激发学生积极参与音乐实践活动的热情，以促进学生音乐学科核心素养的全面发展。大单元教学设计还促进教学资源的整合，提高了优质资源的利用率，为小学音乐学科的教学改革与发展注入活力。

一、新旧课程的有效链接

在小学音乐单元教学中，实现新旧课程的衔接，以及教学资源的整合与利用，是提高教学质量的关键环节。在新旧课程衔接方面，教师应充分挖掘新旧课程之间的内在联系，采用"温故而知新"的策略，以实现知识的平滑过渡与深度整合。

首先，教师应引导学生回顾旧课程中的关键知识点，这一过程不仅有助于巩固学生已有的知识基础，还能为新课程的学习搭建坚实的桥梁，使学生在熟悉的认知领域逐步拓展知识边界。其次，精心设计过渡性教学内容是实现知识迁移的关键步骤。教师可通过创设与新旧课程内容相关联的教学情境，设计富有启发性的过渡性问题或活动，让学生在不知不觉中完成从旧知识到新知识的自然过渡，降低学习的陌生感与难度，增强学生的学习信心与动力。最后，运用比较法是深

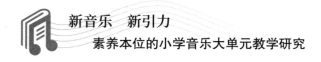
化学生理解的有效手段。教师可组织学生对新旧课程内容进行对比分析，通过列举相似点与差异点，引导学生在对比中发现知识的内在逻辑与演变规律，从而加深对新知识的理解与掌握，培养学生的批判性思维与分析能力。

通过回顾旧知识、设计过渡性内容以及运用比较法等多元化的教学策略，教师能够有效促进新旧课程的衔接，帮助学生在知识的连续性与系统性中实现深度学习，为学生的持续发展奠定坚实基础，推动教育目标的顺利达成。

 以人音版五年级下册第六课《采花》教学设计为例

【教材分析】

歌曲《采花》是流传于四川南坪的民间小调。2/4 拍，羽调式，一段体结构，由三个乐句组成。歌曲采用几乎每隔一小节都出现"× × ××"的切分节奏，是流畅的旋律略带轻盈跳荡的感觉。歌词采用传统的民歌手法，按一年的月序和应时花卉咏唱，人们能从中获得不少生产和生活知识。语言风格朴素、精炼，每段仅两句歌词（第三乐句重复第二乐句的歌词）。

【学情分析】

五年级的同学具有较为丰富的情绪与情感体验，能够自信、自然地进行演唱、律动，对中国音乐文化有着浓厚的兴趣，具有良好的欣赏习惯，在艺术实践活动中有规则意识，善于与他人进行合作交流。

【教学目标】

1. 能自信、自然地演唱四川民歌《采花》，增进对中国民族音乐的了解和喜爱之情，增强民族自信心。

2. 通过聆听、演唱、律动等方法，体会四川民歌小调的音乐特点。

3. 熟练掌握切分节奏及其变形，以及歌曲中五度音程、弱起小节的演唱。

【教学重难点】

教学重点：能自信、自然地演唱四川民歌《采花》，增进对中国民族音乐的了解和喜爱之情，增强民族自信心。

教学难点：熟练掌握切分节奏，以及歌曲中五度音程、弱起小节的演唱。

【教学准备】

鲜花、钢琴、多媒体课件。

【教学过程】

一、复习导入

1. 以"花"激趣，复习导入

师："在开始今天的课程之前，请先跟我进行律动。听听这是哪首歌？"

生："《打花巴掌》。"

2. 以北京儿歌《打花巴掌》导入课程，以"花"导入复习之前所学歌曲。

师："《打花巴掌》是一首北京儿歌，你们还记得是什么时候学的吗？这首歌的歌名里有个花字，而且歌曲中也提到很多花，大家想想咱们还学过哪些写花的歌？"

生："《采一束鲜花》《樱花》《在那桃花盛开的地方》《踏雪寻梅》等。"

3. 知识关联，欣赏《牡丹之歌》

课内引申课外，感知生活当中有关于"花"的歌曲。教师弹奏《牡丹之歌》，学生猜到是熟悉的《五环之歌》。紧接着播放歌曲《牡丹之歌》，让学生了解歌曲真正的名字以及天津籍歌唱家蒋大为，并介绍我们的国花——牡丹，让学生了解牡丹花体现了民族自信和文化自信。

师："《五环之歌》是岳云鹏的成名曲，他用通俗幽默的演唱方式给人们留下深刻的印象。其实这首歌曲的名字就藏在我们今天学习的《打花巴掌》里，我们唱的最后一种花是什么花？（牡丹），这首歌就叫作《牡丹之歌》。"

4. 认识天津籍歌唱家蒋大为。

师："牡丹雍容华贵，端庄典雅，象征着繁荣富强的中华民族，牡丹作为国花，

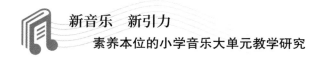

它的气质更是彰显了我们的大国风范。突显我们的文化自信和民族自信！更值得骄傲的是，这么美丽动听的歌曲是由咱们天津的歌唱家蒋大为老师演唱的，他也凭借这首歌曲一举成名。"

【设计意图】通过课前律动，活跃课堂气氛，同时在歌曲中展开今天的教学主题"花"，让学生回忆之前所学有关"花"的歌曲，复习巩固。之后引入中国的国花牡丹，用通俗易懂的《五环之歌》，引申歌曲《牡丹之歌》，开阔学生的音乐视野，提升民族文化自信心。

二、新课新授

1. 出示课题，初听歌曲

师：花儿一直是人们用来传递情感的媒介，音乐也是如此，不同地区的人们会用歌唱的形式记录生活中发生的点点滴滴，一代一代口口相传形成了现在大家听到的民歌。今天这节课让我们一起走进四川坝平县，学习当地的一首民歌《采花》。（出示课题）

2. 听歌曲片段，感受歌曲节拍和速度。

3. 聆听四川民歌《采花》。

师：完整聆听歌曲，观察歌词是按照什么规律演唱的，都提到了哪些花？（播放歌曲《采花》）

4. 初步分析歌曲。

师：通过聆听和观察歌词，你觉得歌曲的情绪是怎样的？表达了采花人怎样的感情？

生：用欢快、愉悦的情绪表达了采花人对花的喜爱和期盼花开的心情。

5. 有节奏的朗读歌词.

（1）打稳定拍慢速读词

师生慢速共读第一段歌词，在朗读过程中解决节奏、第三乐句弱起小节的换气问题。在读的过程中由学生主动提出不好把握的节奏，教师帮助学生解决问题。

（2）原速朗读后5段歌词，巩固练习。

【设计意图】简单了解歌曲信息，建立音乐的学习意识。通过由慢读前两段歌词，解决切分节奏和难点问题，到快速朗读歌词复习巩固，掌握歌曲节奏。为演唱旋律环节打好基础。

6. 演唱歌曲旋律

（1）观察曲谱，了解歌曲调式

学生观察曲谱，并在老师的帮助下发现歌曲的调式为羽调式。以羽调式音阶，用柯尔文手势进行发声练习，渗透旋律当中出现的五度音程，辅助演唱歌曲旋律。

（2）学唱歌曲旋律，划分乐句

教师演唱旋律，学生边演唱边划分乐句，曲谱用"V"换气记号标记辅助。提示学生换气要迅速、敏捷，第三乐句换气要及时、快速。每一乐句的中间尽量不换气，控制好气息，均匀地吐气，保持乐句的连贯性和歌唱性。

（3）填词慢速演唱

通过演唱第一段歌词，发现在歌曲第一句结尾有一字多音的演唱技巧，之后慢速练习，体会民歌曲调。紧接着提示学生快速换气接唱第二乐句。

（4）结合歌词品味第三乐句

师：第三乐句旋律建立在弱起小节上，歌词内容重复第三乐句，大家想一想，歌曲想表达采花人怎样的心情？

教师引导学生从采到花和没有采到花两个角度去思考，理解歌曲第三乐句表达了盼花和爱花之情。

（5）原速演唱第2至6段。

（6）完整演唱歌曲

先跟伴奏完整演唱歌曲，之后学生思考还可以用怎样的演唱形式表现歌曲。教师根据学生的想法，进一步完整表现歌曲。

师：同学们想一想，我们还可以用怎样的演唱形式表现歌曲？

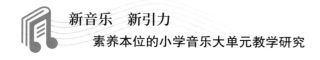

生：小组合唱的形式。

【设计意图】在夯实节奏的基础上，引导学生简单分析歌曲调式建立音高感，在换气记号的辅助下为歌曲划分乐句，体会乐句开头渐强、结尾收束的感觉。突出每一句起始位置的变化，解决教学难点五度音程和弱起小节的演唱。在初步学唱歌曲之后，再次品味第三乐句重复第二乐句的情感表达，最后完整表现歌曲。

三、课后延伸

欣赏江苏民歌《茉莉花》

师：写花的歌很多，有一首民歌它让世界了解东方文化，也让中国民歌走向世界，它就是江苏民歌《茉莉花》。（播放歌曲）

师：歌曲旋律清丽流畅，歌词质朴真切，语言上运用方言演唱，更能贴近人们生活，表达了江苏人民对茉莉花的喜爱之情。这首民歌，之后我们会在六年级专门一个单元详细学习，不仅如此，我们还会听到东北和河北民歌《茉莉花》，进一步感受民歌之美。

【设计意图】继续拓展学习有关"花"的音乐作品，让学生联系生活实际（此时正是春天），想到更多关于"花"的歌曲，同时借"花"的歌曲，提升学生对音乐艺术的文化理解、对民歌的认识，增强民族文化自信心。

四、课堂小结

1. 播放歌曲《在那桃花盛开的地方》。

2. 开阔视野，师：赖有海棠倾国色，嫣然一笑解留春。大家看这是哪？春风和煦，朵朵花开。五大道的海棠花开了，人们三五成群结伴去赏花踏春，感受春天的美好景色。

3. 联系生活

师：现在恰好是春天，在我们的身边能看到什么花呢？
学生结合生活实际，说出我们身边的花。

4.课堂小结

师：人间四月芳菲尽，山寺桃花始盛开，马上到五一小长假了，希望同学们和家人一起去亲近大自然，感受花儿带给我们的无尽美好与喜悦，在生活中感受民歌的真挚情感，以及深厚的文化底蕴，把民歌一代代传承下去！

（天津市滨海新区塘沽紫云小学　韩　冬）

二、现代媒体的广泛应用

在现代音乐教学中，媒体的应用已经不可或缺，成为至关重要的教学手段。首先，多媒体技术的运用能够丰富教学资源，通过音频、视频、图片等多种形式，将抽象的音乐理论具象化，增强学生的感官体验。例如，在介绍乐器种类和演奏技巧时，教师可以利用多媒体展示乐器的实物图片和演奏视频，让学生更直观地了解和感受所学知识。

其次，媒体的应用有助于教学资源的整合。教师可根据教学内容，筛选和整合网络资源、数字图书馆等，构建一个多元化的教学资源库。在此基础上，通过媒体技术将这些资源有效地融入课堂，实现资源的最大化利用。例如，在教授民族音乐单元时，教师可以结合相关的民间故事、历史背景等资料，通过媒体进行展示，加深学生对民族音乐的理解。

例如，教师可以借助多媒体展示课件图片，介绍笛子等民族乐器；播放乐器吹奏视频，或让学生现场聆听教师示范片段，总结不同乐器的音色特点，如笛子的音色具有悠扬、婉转、圆润等特点；教师还可以利用多媒体讲述乐曲背景故事，或通过播放现场演奏视频，带领学生认识不常见的民族乐器，明确其演奏方式和音色特点，进一步理解民族乐器协奏曲的含义。

在具体课程教学过程中，教师运用大单元理念，将歌曲《小放牛》与上节课知识进行衔接，并拓展"对唱"的演唱形式，丰富学生的音乐体验；同时，复习以前学过的"牧童"主题的歌曲，对教学内容进行纵向联系，便于学生形成知识链，

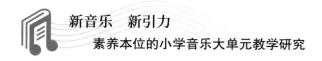

拓宽知识面;通过整理归纳,了解民歌分类和山歌分类,提升学生的音乐素养。

此外,多媒体的应用还能促进教学方式的创新。教师可以利用音乐软件、互动平台等,开展互动式、探究式的教学活动,提高学生的参与度和积极性。这种整合利用方式,不仅拓宽了教学资源的范畴,也为学生提供了更灵活多样的学习途径。

二、有机整合与高效利用教学资源

在教学资源整合与利用的实践中,教师需从多维度入手,以实现教学效益的最大化。首先,教师应积极整合校内外的音乐资源,包括但不限于学校图书馆的丰富藏书、专业的音乐数据库以及互联网上优质的音乐教学素材等,以此来充实和拓展教学内容,为学生提供更为广阔的知识视野和丰富的学习素材,激发学生的学习兴趣和探索欲望。

视频辅助教学。在音乐课中,教师可以播放与教学内容相关的视频,如音乐家的生平介绍、乐器的演奏方法等。这种教学方法能够生动直观地展示音乐知识,激发学生的学习兴趣。评价时,可以通过观察学生的观看态度、对视频内容的理解程度以及是否能将所学应用到实际音乐学习中。

音频互动学习。教师利用音频软件,可以录制歌曲范唱、节奏练习等,让学生在课后反复聆听和练习。课堂上,教师可以设置互动环节,如节奏接龙、旋律填空等,以检验学生的学习效果。评价方法包括学生的参与度、节奏感掌握情况以及旋律记忆的准确性。

图像与乐谱结合。将乐谱与图像相结合,如用不同颜色标记音符的高低、强弱等,有助于学生更好地理解和记忆乐谱。评价时,可以考查学生对乐谱的识别能力、演奏时的准确性以及是否能根据图像提示调整演奏力度和速度。

多媒体创作平台。教师可以引导学生利用音乐创作软件,如 GarageBand 等,进行简单的音乐创作。这种方法能够激发学生的创造力,同时锻炼他们的音乐实践能力。评价时，可以关注学生的创作过程、作品的创意和完整性以及是否能运用所学音乐知识进行创作。

虚拟现实音乐体验。通过虚拟现实技术，学生可以身临其境地体验不同音乐场景，如音乐会现场、乐器制作工坊等。这种方法能够极大地丰富学生的学习体验。评价时，可以考查学生在虚拟环境中的互动情况、对音乐场景的理解以及是否能将所学应用到实际音乐表演中。

教师还需不断创新教学手段，巧妙地将多媒体技术、专业的音乐制作软件等现代教育技术融入音乐教学之中。通过制作生动形象的教学课件、播放高品质的音乐音频与视频、利用音乐软件进行互动式教学等，不仅能够增强教学的趣味性和直观性，还能有效提升教学效果，帮助学生更好地理解和掌握音乐的知识与技能，培养学生的音乐审美能力和创新思维。

再者，开展跨学科合作是教学资源整合的另一重要途径。教师可以与语文、美术等其他学科的教师进行深度合作，共同设计跨学科的教学项目或课程。例如，将音乐与语文中的诗歌朗诵相结合，探索音乐与文学的内在联系；或者与美术学科合作，通过音乐与绘画的相互启发，让学生在不同艺术形式的交融中感受艺术的共通性与独特魅力，实现资源共享与优势互补，从而全面提升学生的综合素养，培养学生的跨学科思维和综合实践能力。

通过实施一系列多元化的资源整合与高效利用策略，教师要为学生精心构建一个多维度、全方位且立体化的音乐学习环境。此环境不仅聚焦于音乐学科的核心素养培育，还致力于促进学生在艺术审美、文化理解、创新思维等相关领域的综合发展与全面提升，为学生音乐素养的全面发展奠定坚实基础。

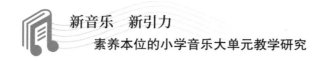

第四节

学习迁移：成果联结与素养提升

在教育理念的不断演进中，音乐教师正逐步实现从传统的教学观向更为宏观的课程观的转变，这一转变标志着教师的关注焦点从单一的课堂教学环节向课程整体的教育价值深度挖掘与实现的跃升。在这一过程中，大单元教学设计所孕育出的"大观念"扮演着至关重要的角色。

这些"大观念"并非孤立的知识点，而是具有高度概括性与统领性的核心概念，它们贯穿于音乐课程的各个单元与教学活动之中，为学生提供了一个系统化、结构化的认知框架。更为重要的是，"大观念"的培养为学生核心素养的提升奠定了坚实基础。核心素养强调学生在知识、技能、情感态度与价值观等方面的综合发展，而"大观念"正是连接这些要素的纽带。在音乐学习中，学生通过理解和运用"大观念"，不仅能够提升音乐审美与表现能力，还能培养批判性思维、创新精神以及文化理解等多维度素养，使其能够在音乐的熏陶下成长为具有全面素质的现代公民，为学生的终身发展、提升社会适应能力注入强大动力。

一、实践创作能力的提升

在音乐课堂的教学实践中，学生有充裕的时间与空间，全方位地投入到各类音乐实践活动之中。一方面，学生能够专注于乐器演奏的练习，通过反复实践与教师的悉心指导，逐步提升演奏技巧与音乐表现力，精准地诠释音乐作品的情感内涵与艺术风格。另一方面，学生还积极参与合唱活动，这不仅能够培养学生的团队协作精神与集体意识，还能使他们在和谐的声部配合中，深刻体会音乐的和声美与整体性，进一步增强对音乐作品结构与层次的理解。

此外，即兴创作环节为学生提供了展现自我创造力的广阔平台。在这一过程中，学生可以摆脱传统音乐规则的束缚，自由地发挥想象力，运用所学的音乐知识与技能，即兴创作出富有个性与创意的音乐片段。这种创作活动不但激发了学生的创新思维，还促进了他们对音乐语言的深入探索与灵活运用，使学生在实践中不断积累创作经验，提升音乐素养。

音乐课堂通过合理安排乐器演奏练习、合唱活动以及即兴创作等多元化的实践活动，为学生打造了一个全方位、多层次的学习环境。学生在这一环境中，不仅能够提升音乐表现力，还能充分激发创造力，实现音乐技能与艺术素养的协同发展，为其未来的音乐学习与艺术成长奠定坚实基础，推动音乐教育在培养学生综合能力方面发挥更大效能。

二、自主学习表达能力的发展

在教育理念的不断演进中，大单元教学模式愈发凸显其独特价值，尤其在强调学生的主体地位以及培养学生自主学习能力方面发挥着关键作用。该模式以学生为中心，充分尊重学生的个体差异与学习需求，致力于营造一个开放、互动、探究式的教学环境，使学生能够在自主学习的过程中，逐步成长为具有独立思考与自我驱动能力的学习者。

在大单元教学的实施过程中，教师的角色从传统的知识传授者转变为学习的引导者与促进者。教师通过精心设计的教学活动与问题情境，引导学生主动探究音乐知识，激发学生内在的学习动力与求知欲望。在这一过程中，教师鼓励学生积极发表自己的见解与观点，无论这些观点是否成熟或完善，都应给予充分的肯定与鼓励，从而营造出一种积极向上、勇于表达的学习氛围。

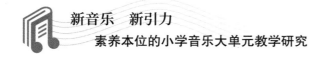
　　更为关键的是，大单元教学模式注重培养学生的批判性思维与问题解决技能。在这一模式下，教师鼓励学生在学习过程中提出问题、分析问题，并尝试从多元化、多层次的视角寻找解决方案。这样的实践训练，不仅促使学生深刻掌握音乐知识，而且使他们在面对复杂问题时，能展现出敏锐的洞察力与创新的解决策略，为其日后的学习与生活奠定坚实的基础。这种以学生为中心的教学模式，不仅显著提升了学生的音乐素养，更全面促进了学生综合能力的成长，有力推动了教育从单纯的知识传授向素养培育的深刻转变。

三、团队合作精神的培养

　　在教育实践的探索中，大单元教学模式积极倡导学生之间的相互合作与共同探究，致力于培养学生的团队精神与协作能力。在音乐课堂这一特定的教学场域内，学生通过分组参与合唱排练、乐队演出等多样化的实践活动，不仅在音乐技能上得到了锻炼与提升，更在团队合作的过程中学会了倾听他人的意见与建议，掌握了协调与沟通的关键技巧，营造了积极向上、和谐共进的良好团队氛围。

　　以音乐课程教学中的合唱和演奏等活动为例，合唱排练要求学生在声部的精准配合中，彼此倾听、相互支持，以实现声音的和谐统一与情感的深度共鸣。乐队演出则需要学生在不同乐器的协同演奏中，精准把握节奏、旋律与和声的平衡，通过有效的沟通与协调，确保演出的流畅与精彩。这些实践活动不仅考验学生的音乐素养，更对其团队协作能力提出了高要求。这一过程让学生逐渐认识到个体与团队之间的相互依存关系，体会到团队合作的力量与魅力，从而在实践中不断磨砺与提升自身的协作能力。

　　通过大单元教学模式下的合作学习，学生不仅在音乐领域收获了知识与技能，更在团队合作的实践中培养了宝贵的团队精神与协作能力。这些能力有助于学生在音乐学习中取得更好的成绩，更为其未来在其他学科领域以及社会生活中良好的团队合作奠定了坚实基础，有力推动学生在全面发展之路上迈出坚实的步伐,实现个人成长与社会适应能力的双重提升。

四、音乐情感态度与表达能力的增进

在教育理念的深化与拓展中,大单元教学模式愈发注重学生情感态度的培育,其致力于在学生心中播下热爱音乐的种子,激发学生浓厚的学习兴趣。该模式通过精心设计的教学内容与活动,引导学生深入接触并学习不同风格、不同流派的音乐作品,使其在丰富的音乐体验中,全方位地领略音乐艺术的独特魅力与深远内涵。

在学习过程中,学生不但能够欣赏到古典音乐的庄重典雅、民族音乐的质朴醇厚,还能感受到流行音乐的时尚活力与现代音乐的创新探索。通过跨风格、跨时代的音乐作品赏析,学生在对比与感悟中,逐步建立起对音乐艺术的多元认知与深刻理解,进而增强对音乐艺术的热爱之情与审美能力。

大单元教学模式下的情感态度培养,不仅局限于课堂内的知识传授,更延伸至课外的实践体验。教师鼓励学生参与音乐演出、创作分享等实践活动,让学生在亲身参与中进一步感受音乐带来的快乐与成就感,从而将对音乐的兴趣转化为持久的学习动力与内在追求。这种积极情感态度的培养,为学生的音乐学习注入了灵魂,使他们在音乐的熏陶下,实现情感的升华与个性的释放。这一过程为学生的全面发展与终身学习构建了坚实的情感基石,并极大地促进了音乐教育在培养学生核心素养方面的效能发挥。

五、审美素养的培育

在当代音乐教育体系的演进过程中,审美素养的培育不可或缺。这一转变不仅体现在对音乐基础知识的扎实掌握、演奏技能的精湛磨炼以及音乐作品品鉴能力的深度培养上,更着重于构建一个综合性的审美教育框架,其旨在激发学生的音乐创造力,促进其个性化音乐表达的形成。通过多元化的教学策略,教育体系

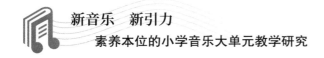

正逐步实现对学生音乐审美能力的全面提升及独特音乐个性的精心雕琢。

以小学音乐课程中的戏剧教学为例，相较于传统的音乐教学模式，戏剧教学将戏剧元素融入教学，目的是在教授学生音乐的基础知识与技巧的同时，激发他们内在的审美感知能力。通过艺术性的视角和心态去审视音乐课程，学生得以拥有更加丰厚的情感和心理体验。引入戏剧元素旨增强学生音乐素养的综合性和整体性，这表示在教师的教学中，学生把自我及同伴所扮演的角色作为审美对象进行考量，在设定的戏剧背景下针对核心机制进行深入分析与学习构建。学生将自身的思维和情感注入到演绎过程中，从而获得独到而深刻的审美体验。

教师采用这一教学策略所培养的艺术审美能力，能够助力学生在新情境中实现知识与技能的融合运用与灵活迁移，使他们创造性地解决审美难题，并在类似场景下激活已有的深刻认知。这种做法有效避免了小学生审美观陷入僵化或低俗的风险。

六、学生综合素质的发展

大单元教学模式以其全面性与综合性，致力于促进学生的全面发展，显著提升学生的综合素质。在音乐教学领域，这一模式打破了传统教学中学科知识的孤立性，将音乐知识与技能的学习拓展至更广阔的知识领域。学生在学习过程中，不仅充分掌握了音乐的基本理论、演奏技巧与创作方法，还广泛涉猎了与音乐紧密相关的多学科知识，如历史、文化、哲学等，从而构建起一个宽广且深厚的知识体系。

例如，在学习一首古典音乐作品时，学生不仅需要分析其音乐结构与风格特点，还探究了作品所处的历史背景、文化环境以及作曲家的哲学思想。通过这样的跨学科整合，学生能够从多个维度理解音乐作品的内涵，认识到音乐艺术与人类社会文化的紧密联系。这种综合性的学习体验，不仅丰富了学生的知识储备，还培养了他们的跨学科思维能力，使其能够在不同知识领域之间建立有效的联系与迁移。

在大单元教学模式下的音乐教学中，通过跨学科知识的深度融合，学生能在音乐学习中获得更全面的素养提升。在掌握音乐专业核心知识的同时，他们增强了历史意识、文化理解力与哲学思辨能力，为未来在多元领域的学习与创新构建了坚实的基石。这种教学模式的实施，促使音乐教育从专注于单一技能培养向综合素养培育的转变，为学生的全面发展与终身学习提供了有力支持。这不仅让学生在知识的海洋中自由遨游，更为他们成为拥有广博知识与创新精神的现代公民提供了强有力的支持。

 以人音版六年级下册第三单元"银屏之歌"教学设计为例

【学习内容】

本课选自人音版六年级下册第三单元"银屏之声"，教学内容为学唱插曲《滑雪歌》和《DO RE MI》，聆听主题歌《爱是一首歌》和插曲《两颗小星星》。为了更好地突出大单元的主题，以"小小电影配乐师"为主题，扩充学习内容，如：《我怎样长大》《眺望你的路途》《你想不想堆个雪人？》《玛利亚》《反叛的孩子》充实课堂学习。在第5课时，运用影视音乐的知识，为影视片段《建国大业》《黄飞鸿》《嘎达梅林》《你好，李焕英》配乐。本单元共设计五学时。

【单元学习目标】

1.通过学习本单元，引导学生了解影视音乐的概念以及主题歌和插曲在影视剧中的区别。

2.通过欣赏、演唱、演奏、律动、合作表演等音乐活动，借助人声音色，深入学习插曲在影视剧的作用。

3.通过"小小电影配乐师"活动，拓展影视音乐的学习，通过影视剧配乐、视频剪辑进行创作，提高学生的音乐实践能力。

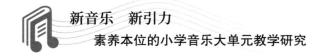

【第五学时】小小电影配乐师。

【学习目标】

1. 通过聆听、演唱本单元歌曲，本单元音乐在影视作品中起到的作用。

2. 能够选择符合剧情发展的音乐为影视作品配乐。

3. 运用视频剪辑软件，根据视频、音频素材进行创作。

【课前准备】IPAD、视频剪辑软件、课件、钢琴。

【教学过程】

一、复习巩固

1. 复习本单元歌曲

请同学演唱歌曲，其他同学猜歌名，并说出影视音乐分类。

2. 复习影视音乐

影视音乐是指为影视作品而存在的音乐。主要由配乐和歌曲两部分组成，配乐主要包括主题音乐、场景音乐和背景音乐；歌曲主要分为主题歌和插曲两种形式。主题歌一般出现在片头或者片尾，对电影电视剧起着概括和引领剧情的作用。插曲经常出现一些重要场景中，用以表达剧中人物的情感，烘托情节发展中的气氛和造成戏剧性的发展高潮。

【设计意图】复习巩固前四节课学习过有关于影视音乐的知识，为后面的"小小电影配乐师"活动做准备。

二、活动"小小电影配乐师"

1. 介绍电影类型

电影有很多类型的影片，请同学举例说明。（音乐片、喜剧片、剧情片、动作片）师：电影类型是由电影的内容、形式、功能来划分，比如故事片、动作片、喜剧片等等。请同学说出对应的电影。(《音乐之声》《西虹市首富》《你好，李焕英》《建国大业》《嘎达梅林》《黄飞鸿》等）

2. 出示剧照,选择合适的主题歌。(剧照略)

《黄飞鸿》	《建国大业》	《嘎达雪林》	《你好,李焕英》
武术大师	国家历史事件	民族英雄	母爱亲情
弘扬武学,一身正气	为新中国成立不懈奋斗	勇猛、威武	对妈妈的爱

师:聆听歌曲,请同学们思考,从下列歌曲当中选择贴合电影的主题歌。《男儿当自强》《追寻》《萱草花》《嘎达梅林》。

3. 播放三首插曲《雪绒花》《小小少年》《堆雪人》,播放后让学生选出正确的影片。

4. 介绍影视配乐。

影视音乐除了歌曲,配乐也是非常重要的一环,它可以是歌曲,也可以是器乐曲,更广泛一些还包括声音特效等,丰富电影细节。其主要的目的是配合情节发展和场景的情绪,起到烘托气氛的作用。

师:老师为大家准备了一些配乐,你能联想是哪部电影吗?(观看视频,说一说)

5. 小组合作,剪辑视频

师:现在网上出现越来越多的电影剪辑视频,是将影片中精彩的剧情编辑在一起,目的为了方便观众快速了解电影剧情。

全班以小组为单位进行合作,用 IPAD 或者手机上的视频编辑软件,选择影视素材包,尝试为电影配乐。完成较快的同学在课堂上进行展示。

【设计意图】从影视分类出发,让学生知道不同类型的影片塑造的人物性格不同,结合视听,播放影片中的主题歌和插曲,学生自主完成为影片配乐的活动,将知识转化为能力。随后聆听三首电影配乐,扩充学习影视配乐的知识,通过小组合作的方式,用视频剪辑软件为影片插入主题歌、插曲、配乐等,锻炼学生的综合实践能力。

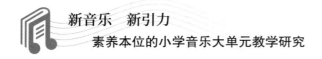
三、课堂小结

音乐离不开生活，更高于生活。在日常生活中，我们要做有心人，去挖掘身边更优秀的影视音乐作品。其目的是提高我们的审美感知，丰富我们的情感生活。

【课后延伸】

希望同学们可以利用课余时间，走进电影院，或者在视频网站上观看你喜欢的影片，继续琢磨研究音乐与影视剧的紧密联系。也可以模仿影片中你喜欢的桥段，或者演唱你喜欢的影视歌曲。在课上与同学们进行交流分享。

影视音乐是20世纪新出现的音乐艺术体裁，是影视综合艺术的一个重要组成部分。接下来让我们回顾一下本单元学习的内容：

第一学时复习聆听歌曲《我怎样长大》《小小少年》《堆雪人》，学习影视音乐分类，介绍主题歌，欣赏歌曲《爱是一首歌》，有感情地朗读歌词，观看电影片段，演唱歌曲旋律，唱出了对爱的赞美。用男声领唱和男女声合唱的演唱形式，营造了森林里温馨甜美的氛围，斑比和动物们之间和谐友爱的画面。聆听《我怎样长大》《眺望你的路途》体会歌曲对剧情的总结概括。

第二学时学习插曲的作用，学唱歌曲《滑雪歌》，为旋律划分乐句，感受弱起小节的演唱。演唱三段歌词，重复歌词要唱出力度变化，进一步体验不同的情感表达，体会插曲在剧情发展中的作用。总结主题歌和插曲的区别，判断《你想不想堆个雪人？》是否为插曲。学会辨别主题曲和插曲。

第三课时复习歌曲《小小少年》，根据海因切的人声特点，欣赏歌曲《两颗小星星》，先学习A段在同音重复的演唱中我们感受到了音乐表达了主人公自信、坚定的情感，最后一句中的"把"和"我"字让旋律变得连贯，曲调更加悠扬；紧接着对比聆听，感受到B段主人公的情绪变得低落、伤感。最后A段再现，其中"啦啦啦"的曲调更明亮，气氛更热烈。之后总结歌曲ABA带再现三段体结构，欣赏电影《音乐之声》插曲《玛利亚》明确歌曲使用主人公歌声来塑造人物，明确插曲在电影中的作用。

第四课时角色扮演表演歌曲《DO RE MI》，用科尔文手势和小钟琴辅助学习二声部，通过分析乐句节奏（附点、2拍和4拍长音）、旋律（旋律模进）、音乐符号（升记号、降记号、重音记号）的特点学唱歌曲主旋律，学习表演动作和观看影片借鉴模仿的方法，小组合作完成表演。最后观看《孤独的牧羊人》、电影《玛蒂尔达》插曲《反叛的孩子》，体验在音乐电影中音乐的重要作用。

最后在第五课时综合课中，补充学习电影类型、影视配乐，通过"小小电影配乐师"的活动，学习为电影配主题歌、听插曲选电影、视频剪辑，并在课上完成展示，并学会综合运用影视音乐的知识。

（天津市滨海新区塘沽紫云小学　韩　冬）

通过大单元教学设计，教师能够引导学生在学习过程中提炼和内化这些单元教学中的核心概念，从而实现知识与技能的深度整合与有效迁移。学生不再局限于对某一具体音乐作品或知识点的掌握，而是能在不同的情境与任务中灵活运用所学，展现出更强的适应性与创造力。这种能力的迁移不仅局限于音乐学科内部，还能延伸至其他学科领域，促进学生跨学科思维的形成与发展。

第三章

小学音乐学科大单元教学成果的多维解析

新教材致力于构建以核心素养为核心的学习内容进阶体系，确保课程标准的内容要求与学业要求在教材中得以有效对接，并细化为具体的学习材料。该体系采用单元整体结构来设计学习内容和活动，其中每个单元都紧密围绕一个中心主题，并且单元之间建立联系。新教材通过"大单元"即跨单元的整体教学结构来呈现，强调三个关键要素：联结、生成、迁移。这一设计形成了感知与体验、认知与理解、表现与运用、创造与表达这样一个循环往复的学习系统，旨在促进学生的全面发展。

学习是一个持续演进动态发展的过程，其中每个阶段都相互联系、互为支持的。通过不断地循环，学生能够深化理解、提升技能并激发创新能力。在小学音乐课堂中应用大单元教学模式，是基于对当前教学实践和理论研究的深入分析，揭示该模式在小学音乐教育中的实际成效及可能遭遇的挑战，进一步提出优化策略和改进措施。

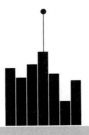

第一节

学习联结：知识体系的建构

随着《义务教育艺术课程标准（2022年版）》的推广实施，2024年秋季开学之际，人音版新教材全面使用，义务教育进入了新课标、新教材、新课堂相互兼容的新时代。这标志着音乐课程的教学方式要经历一场深刻的变革，核心要将焦点从传统的知识传授转移到核心素养的培养上，通过艺术教育促进学生的全面发展。

近年来，我们深刻认识到音乐不仅是一种艺术学科形式，更是一种情感表达和文化传承的媒介，其教育目的不仅仅是让学生掌握一定的音乐技能和知识，更重要的是通过学习音乐，培养学生的音乐审美、艺术表现、创意实践以及文化理解等核心素养。

单元教学作为落实核心素养的关键路径，其教学设计需遵循一系列核心原则，以确保教学活动的有效性和系统性。首先，教学设计应秉持概念理解的一致性，确保学生对核心概念的理解贯穿整个单元，形成连贯的认知框架。其次，组合序列的逻辑性至关重要，教学内容应按照合理的顺序排列，使学生能够逐步构建知识体系，实现从简单到复杂、从具体到抽象的自然过渡。再者，情境任务的整体性原则要求教学活动紧密围绕单元主题情境展开，通过设计与现实生活紧密相连的任务，增强学生的学习动机和实际应用能力。

在具体的教学实施中，教师需将单元主题情境、单元目标、单元基本问题以及单元教学评价等内容有机结合起来，形成一个相互关联、相互支持的教学体系。

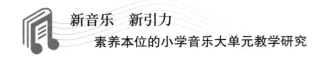

通过这种整合，教师能够在单元课时的横向连接与纵向贯通中，以结构化的课程内容为基础，设计情境化的学习活动，引导学生采用实践化的学习方式进行探索和学习。这种教学样态不仅有助于学生深入理解知识，还能促进其核心素养的全面发展，使学生在掌握学科知识的同时，有效提升解决问题、批判性思维和创新的能力。这一教学设计使单元教学真正成为培养学生核心素养的有效平台，为学生的终身学习和全面发展奠定坚实基础。

一、动态掌握教材变革

新教材变革的关键之一就是实施大单元教学，它强调以整体性的视角来组织教学内容和活动。而大单元教学模式的核心在于打破传统教学中知识点孤立无援的局面，通过主题或概念将相关的学习内容串联起来，形成一个完整的学习体验。这种模式能助力学生构建知识体系，激发学生的学习兴趣和探究欲望。

特别是在音乐这一富有创造性和表现力的艺术领域，通过大单元教学，激发学生的想象力，促进创造性思维的发展尤为凸显。学生可以在更广阔的背景下体验声音的艺术，深入理解情感和文化，构建综合连贯的学习环境，从而全面提升音乐素养，为终身学习打下坚实的基础。

二、提炼单元大观念

"大观念"指的是学生头脑中经久不衰的持久理解，经过"学生内化，并在大部分细节遗忘之后，仍然能够保留下来的重要领悟。"约翰·杜威认为，教师们将学科知识"心理化"，从而产生了大观念。刘徽则认为，大观念可以被界定为反映专家思维的概念、观念或论题，它具有生活价值。

大观念就像一个核心，是落实素养导向教学的重要抓手。它可以引导学生在音乐学习过程中，自觉地将碎片化的知识技能在持续不断的认识和理解中上升到大观念的层面，其育人价值就超越了学习本身，学生不仅从中获得知识技能，还逐步培育学生的核心素养。

在教育实践中，提炼和续写学科大观念是一项既复杂又极具创造性的任务，尽管它没有固定统一的模式可循，但它必须紧密结合教学实际经验，以更具创造性和深度的独特方式进行。这一挑战要求教师不仅要拥有扎实的学科知识基础，还必须要具备敏锐的教育洞察力以及丰富的教学实践经验。正是这些能力，使教师能够从日常教学中捕捉到关键的教学元素和学生的学习需求，进而提炼出具有引领性和前瞻性的学科大观念。

（一）从教育根本目标出发

在教育实践中，提炼单元大观念是一项关键任务，其出发点应紧扣教育的根本目标，并紧密结合最新的教育政策导向。以《艺术课程标准》（2022年版）为例，该标准为艺术教育提供了明确的方向和具体要求，是提炼大观念的重要依据。教师应深入研读课程标准，从中挖掘核心理念和关键要素，将其转化为具有指导性的大观念。

依据课程内容的具体要求，教师可以从学习任务的角度出发，根据不同学段学生的认知特点和学习需求，分阶段、分层次地提炼出适应各学段的"大观念"。这些"大观念"不仅要涵盖学科知识的核心内容，还应融入跨学科的视角和素养培育的目标，确保其在教学中的适用性和引领性。通过这样的提炼过程，教师能够为学生构建起系统化、结构化的学习框架，引导学生在学习过程中形成深度理解和综合应用能力，从而实现教育的根本目标，促进学生核心素养的全面发展。

（二）从核心素养中生成大观念

在艺术课程的教学实践中，核心素养的培育占据着至关重要的地位，其主要包括审美感知、艺术表现、创意实践和文化理解这四个关键维度。为了从核心素养中生成具有引领性和指导性的大观念，教师需首先深入探究学科核心素养的内涵，精准把握其精神实质与价值取向。在此基础上，教师应以探究的视角为引领，围绕一系列紧密相连的问题链条展开深入思考。通过细致入微的分析与层层递进

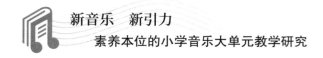
的剖析，从核心素养的丰富内涵中抽丝剥茧，精准提炼出那些直接指向学生素养达成的关键短语。这些关键短语如同线索，串联起艺术课程的各个知识点与技能点，逐步构建起一个系统化、结构化的"大关联"网络。这一"大关联"网络不仅能够清晰地呈现艺术课程知识体系的内在逻辑，还能为学生的学习提供明确的方向与路径，助力学生在艺术学习的过程中全面提升核心素养，为其终身的艺术修养与审美发展奠定坚实基础。

（三）从师生经验中凝练大观念

教师的经验是大观念生成的重要源泉，不容忽视。教师在教学实践中的反思，尤其是对活动项目或单元教学的深入思考，能够为其提供深度研究的契机。通过这种反思，教师能够洞察教学过程中的关键环节与核心问题，从而尝试运用大观念来引导学生从日常生活经验和音乐学习经验中提炼出核心要素。这一过程不仅有助于教师优化教学策略，提升教学效果，还能使学生在学习过程中更加清晰地把握知识的主线与内在联系，实现从具体经验到抽象概念的升华，进而促进学生核心素养的全面发展。教师的经验与反思，因此成为连接教学理论与实践、推动教育创新与学生发展的关键桥梁。

通过这种结合教学实际经验且富有创造性的提炼和叙写，学科大观念能够更好地指导教学实践，帮助教师设计出更具针对性和有效性的教学活动，同时也为学生的学习提供明确的方向和深刻的思考，促进学生核心素养的全面发展。这一过程不仅是对学科知识的深度挖掘，更是对教育理念和教学方法的不断创新与探索，为教育质量的提升和学生的成长提供坚实的理论支持和实践指导。

（四）整合与明晰单元核心观念

从课程标准与课程内容中提炼出单元大观念后，教师需要将其转化为能够被学生理解并且能够让学生对单元课程生成新的宏观理解的准确表述，以此引导学生在掌握具体音乐知识与技巧的同时，把握大单元学习脉络，最终转化并加入学生个人的音乐知识体系中。

在叙写学科大观念时，教师应采用清晰、准确且富有启发性的语言，将抽象的学科思想具体化、形象化，使其易于被学生理解和接受。在叙写过程中，教师可以结合具体的教学案例、生动的学习情境以及学生的学习成果，展示学科大观念在教学实践中的应用和价值，增强其说服力和感染力。

三、联结大单元教学内容

在小学音乐大单元教学模式的深入研究中，我们发现其一个显著特点在于其强烈的联结性。这一教学模式着重于挖掘不同音乐作品之间的内在联系，引导学生洞察作品间的共通性，进而推动学生对音乐知识的深度理解和全面掌握。通过这种联结，学生能够在学习过程中建立起更为系统和完整的知识体系，实现知识的有机整合与有效迁移。

大单元教学特别关注新旧知识的融合，致力于在学生学习新作品时，使其能够充分借鉴和运用之前所学的内容。这种融合不仅有助于学生发挥已有知识体系的优势，还能显著提升学习效果，增强学生的学习自信心和积极性。在教学实践中，教师巧妙地设计教学活动，将新旧知识有机结合，使学生在掌握新作品的同时，能够对之前所学的内容进行回顾和巩固，实现知识的螺旋式上升。

此外，大单元教学的联结性不仅局限于作品之间，还广泛延伸至作品与学生的生活实际、情感体验等多个维度。教师通过创设与学生生活紧密相连的教学情境，引导学生将音乐学习与个人的生活经历和情感世界相融合，从而激发学生的学习兴趣，增强其对音乐的感知力和理解力。例如，通过分析音乐作品背后的文化背景和社会意义，引导学生思考音乐与社会生活的关联；或者在教学中引入与学生情感共鸣的音乐元素，让学生在情感的驱动下深入学习音乐，提升音乐素养。

以一年级教材为例进行说明，具体如下：

1.由八课变成了六个单元，每个单元的内容进行了扩充，加入了音乐游戏和情境表演，并在第三个单元后加入了综合评价，并在第六个单元后加入了综合评

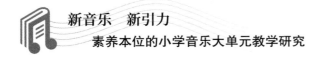

价,而后又进行阶段性综合评价,其体现的是教学评一致性的原则。

2.加入了课堂常规的范例,如《师生问好歌》《师生再见歌》。

3.欣赏课改动较大,保留50%曲目,新增50%曲目,中国作品比例微调加大,包括地方类、戏曲类,降低了外国作品的比例,选曲上更加经典。

4.将音乐知识更系统化地呈现在单元之中,紧密联结学生既有知识框架,体现单元意识。

小学音乐大单元教学模式通过其独特的联结性特点,为学生提供了一个全方位、多层次的学习平台。这种教学模式不仅有助于学生系统地掌握音乐知识,还能培养学生的综合素养和创新能力,为学生的音乐学习和全面发展奠定坚实基础。

第二节

深度生成：多元认知的激发

《义务教育艺术新课程标准》（2022年版）明确界定了核心素养的构成要素，其中，"审美感知""艺术表现""创意实践""文化理解"四大方面构成了其主体框架。这些方面不仅是对学生音乐素养培育的全面涵盖，更是培养学生形成多元认知、深化音乐理解的重要途径。通过这四个维度的综合培养，学生能够在音乐学习中获得更为丰富、深刻的体验，为其音乐素养的全面提升奠定坚实基础。

审美感知主要以培养学生的"听"为目标，学生通过听，能够对作品有个初步的判断，如作品的速度、情绪等。听过以后就是"唱"，因此艺术表现主要以培养学生的"唱"和"奏"为目标，小学阶段的音乐课以唱歌为主，而且"唱"是最能够直接进行表现的艺术形式。"唱"过以后就是"动"，学生通过自己的感受，为作品加上动作，或者采用自己认为合适的乐器进行伴奏，进一步完善作品，就体现了创意实践这一目标。同时不仅要有创意，更重要的是实践活动，不管是"听""唱"还是"动"，学生只有通过实践才能提高能力。

最后的文化理解是重中之重，鉴于当前音乐文化的多元化发展，学生必须学会接纳多元化的音乐文化。因此，在编写教材时会选用一些国外儿歌，同时也会将京剧与地方民歌，这不仅是展现文化自信的一种方式，更旨在让学生深刻理解民族文化既属于中国，也是世界文化宝库中的瑰宝。

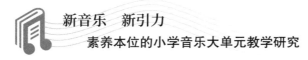

三 例　核心素养视域下音乐大单元教学设计的探索

核心素养是育人的集中体现，能够培养学生正确的价值观和必备品格。人音版五年级下册第四单元"你好！大自然"，本单元中引导学生能够用活泼轻快的声音演唱作品《田野在召唤》，唱准弱起小节以及第二声部，感受意大利的田野风情，通过演唱情绪和歌词，感受作品表达对大自然的热爱以及赞美之情。引导学生听赏作品《溪边景色》，感受德国著名音乐家贝多芬的音乐特点，能够听辨出模仿流水声音的弦乐器，识记旋律中出现的倚音，感受自然的美妙，并能够简要认识乐圣贝多芬。引导学生表现作品《铃儿响叮当》，唱准二声部合唱，能够体会二声部合唱的情绪特点，并选用合适的乐器为作品伴奏。引导学生听赏歌曲《铃儿响叮当的变迁》，感受冬季的欢乐场景，选取音乐片段创编舞蹈动作，通过自主体验、合作探究等方式感受表现音乐，加深对音乐的理解。

一般的教学模式就是一课一讲，但在核心素养下的大单元教学，是"主题"到"表达"的过程，更加注重联系。如在学习《溪边景色》时，在导入环节甚至可以播放以前学过的维瓦尔第的《春》或《晨景》等作品，学生对熟悉的作品兴趣较高，因此就可以采用学生们熟悉的作品导入新课，从而激发学生们的学习兴趣，提高课堂教学效率。

本单元就侧重突出社会主义核心价值观中的"和谐"，体现人与自然和谐共处的原则，激发学生热爱大自然，保护大自然的意识。

（天津市滨海新区玉簪小学　赵　蕾）

以小学音乐课程中的戏剧教学为例，将戏剧应用于小学音乐大单元教学有助于学生把握音乐学习的基本规律。戏剧表演是一门具有特殊教育意义的表演艺术。我们将戏剧元素融入小学音乐的大单元教学之中，能够有效利用其具身性、广泛性、情境性、创造性等特点，使得大单元教学模式的优势得以充分展现。

戏剧强调"亲历"即"亲历性"，使学生通过多种形式的经历体验，达到"亲历感"的价值。戏剧的情景化则能创造一个开放式的音乐课堂环境，促进学生在群体中深入体验角色，帮助学生塑造全新的自我。

实施大单元教学能让学生依托个人体验深入挖掘音乐的本质，提高学生的音乐审美能力和综合素养。在这一过程中，创设适宜学生的学习情境至关重要，学习情境应是一个连贯而闭合的体系。借助戏剧的形式，学生能获得更深层次的参与感，同时戏剧活动也能让学生在实践中学习知识和技巧，获得审美体验。在日常教学过程中，教师构建出适宜的戏剧情境，不仅可以提高学生在角色演绎与合作表演中的表现力，还可以和学生的个人生活实际相结合，使学生在潜移默化中实现知识与个性的双重成长，进而促使学生综合素养的提高。

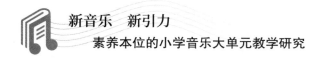

第三节

◆ ————————————————————————————

迁移创新：应用与创意延展

在小学音乐大单元教学模式的实际应用中，迁移性扮演着至关重要的角色。它不仅促进了新旧音乐知识之间的有效融合，为学生构建了连贯的音乐知识体系，还是提升学生综合素质和音乐素养的关键手段。通过迁移性的实践，学生能够将在某一个音乐主题或技能上学到的知识，灵活地迁移并应用于其他相关领域的学习中。这种迁移能力的培养，对于学生在音乐学习的道路上不断进步具有深远而积极的意义。

一、新旧知识联合

在音乐教学中，教师应巧妙地将新旧知识进行联合，实现知识的有效迁移。具体策略包括：首先，梳理音乐教材中的知识体系，找出新旧知识之间的联系；其次，通过设计富有层次的教学活动，引导学生在新旧知识之间建立桥梁，如在教授新歌曲时，引导学生回顾已学的相似旋律和节奏；最后，鼓励学生在巩固旧知识的基础上，探索新知识，从而实现知识的内化和创新。

二、中西横向对比学习

为开阔学生的音乐视野，教师可采取中西知识横向对比学习的策略。一方面，通过对比中西音乐的历史、乐器、作曲技法等，让学生了解不同文化背景下的音乐特点；另一方面，组织学生进行中西音乐作品的欣赏和演绎，使其在实际操作中感受中西音乐的差异，从而提高学生的音乐素养和创新能力。

 以人音版五年级上册第三单元"农家乐"作业设计为例

一、单元分析

（一）教材分析

本单元围绕"音乐与生活"这一人文主题，以"农家乐"为主线，选编了四首不同民族、不同地域的中外音乐作品，让学生从音乐中体验农家庆丰收的热闹场面，感受丰收带来的欢乐，培养他们热爱音乐、热爱生活的情感。

1.民族管弦乐《丰收锣鼓》

这是一首民族管弦乐曲，表现了我国农民的劳动生活和喜获丰收的欢乐情绪。乐曲汲取了我国民间吹打音乐的素材，充分发挥了民族打击乐器丰富多彩的表现功能，既有民族风格，又具时代特点。乐曲由多段旋律和锣鼓部分组成，在调性和情绪上形成对比，又因主部主题旋律频频穿插其间而显得前后呼应和统一。

乐曲开始，在由慢渐快的鼓声中，整个乐队奏出雄厚、响亮的散板旋律。这是乐曲的引子，高亢有力，气势宏大，把人们带入喜庆丰收的欢腾热烈的场面。第一部分包含两个主题。第一主题热烈欢快，节奏紧促，旋律的重复和模进描写了你追我赶的劳动场面。第二主题是第一主题的进一步发展，但旋律回旋起伏，显得流畅抒情。旋律先由笛子和拉弦乐器（板胡、高胡、二胡等）奏出，再用扬琴、琵琶、三弦及弦乐器重复。最后，前后两个乐句分别由笛子、唢呐和笛子、弦乐器重复，彼此呼应，表现了劳动中互相帮助、融洽无间的情景。在这之后，第一主题作了变化重复，并引出了锣鼓，渲染了热烈欢腾的气氛。

2.器乐曲《打猪草》

《打猪草》是黄梅戏的经典之作。说的是小姑娘陶金花去打猪草，无意间闯进

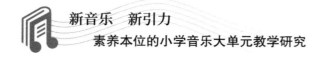

了小伙子金小毛家的竹林，还弄断了几根嫩笋。小毛以为陶金花偷笋，两人吵了起来。经解释后，误会消除，小毛不仅把笋送给金花，还帮她提篮子送她回家。整个戏载歌载舞，具有浓郁的地方风味，其中的"郎对花，姐对花，一对对到田埂下……"早已成了流行歌曲。器乐曲《打猪草》是根据黄梅戏《打猪草》中"对花"的曲调改编的。乐曲亲切朴实，旋律动听，以演奏黄梅戏的竹简胡琴与弹拨乐器三弦的对答演奏，勾画出在打猪草时俏皮幽默的对话，惟妙惟肖，表现了勤劳致富的劳动者对新生活的赞美。

3. 歌曲《苹果丰收》

这是影片《金刚山的姑娘》中的一首插曲。歌曲为 4/4 拍，宫调式，二段体结构。曲调明快活泼、热情奔放，表现了在苹果丰收的季节里姑娘们喜摘苹果时欢乐的劳动场面。

歌曲的第一乐段共四个乐句，采用了齐唱的演唱形式，曲调方整，节奏型相同，只是在第四乐句中稍有变化，旋律以模进的手法轻快而富有舞蹈性，每一句在歌词上都作了重复的补充，增强了欢乐心情的语气表达，描绘了在丰收的季节里身着民族服饰的姑娘，身背篓筐、载歌载舞，喜摘苹果的生动情景。第二乐段是歌曲的合唱部分，第一、第二声部三度、四度的对位，曲调舒展而又热烈，旋律用四度的模进，逐渐把歌曲的情绪推向高潮。把人们眼望着一片大丰收的景象而掩饰不住内心的喜悦之情在这里得到了尽情地抒发。歌曲最后在下移八度跳进中欢快地结束全曲。

4. 歌曲《丰收的节日》

《丰收的节日》是一首塔塔尔族民歌。歌曲运用了明快的节奏和鲜明的民族韵律，描绘了少数民族庆丰收时载歌载舞的热闹场面，表达了他们分享劳动成果的喜悦心情。歌曲前半部分欢快、活泼，后半部分是二声部的合唱，第一乐句基本重复了前半部分，第二乐句采用模进的手法发展。高声部旋律是基本相同的两个乐句，旋律较为舒展，低声部的旋律与高声部形成对比歌词"唻唻唻……"具有浓郁的新疆歌曲风格特点。

（二）学情分析

五年级学生学习态度积极、思维敏捷，接受能力较强，经过长期的学习已具有良好的学习习惯。对音乐要素已有初步了解，能用正确的发声方法演唱歌曲。在教学中发现，此年龄段的学生在演唱和表现的基础上对于音乐的欣赏和相关音乐文化的了解等方面也充满兴趣。本单元由反映农家生活的四首作品组成，以演唱、欣赏歌曲为载体，提高学生知识技能，使学生了解和热爱民族文化，弘扬中华民族优秀的音乐文化，继承和发展民族优秀文化，感受中国文化的博大精深，激发学生爱国情怀，增强民族自信。

四、单元学习与作业目标

（一）单元学习目标

本单元是由四首反映农家生活的民族音乐作品组成。这是人文性在音乐与社会关系上的体现，让我们从美妙的音乐中体验农业丰收的快乐；了解民族管弦乐队的基本组成；通过聆听、感受、模仿，教师引导和指导、小组合作学习、自学等方式，正确的掌握歌曲的旋律、节奏等。

1. 民族管弦乐《丰收锣鼓》

欣赏民乐合奏《丰收锣鼓》，感受乐曲在节奏、速度、力度、音色上的变化，培养学生对民族管弦乐器和乐曲的了解。引导学生用肢体动作表现农民在喜获丰收时的欢乐情绪。通过学习，引导学生能够辨别笛子、唢呐、二胡、鼓、锣这几件乐器的音色。

2. 器乐曲《打猪草》

引导学生听辨出《打猪草》在段落中，用器乐表现出"对答"的形式，用语言表达出对乐曲的感悟，描述音乐情绪的变化。听辨《打猪草》中出现的乐器——胡琴和三弦，使学生对黄梅戏这一地方戏曲产生兴趣。

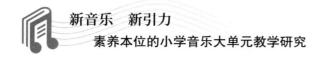

3. 歌曲《苹果丰收》

通过学唱歌曲《苹果丰收》，感受朝鲜族歌曲的风格特点，引导学生演唱出在苹果丰收的季节里，姑娘们喜摘苹果时欢快的劳动场面。了解朝鲜族特有民族打击乐器——长鼓（又称杖鼓、两杖鼓）。长鼓常用来表现轻快、欢乐的情绪。认识到歌曲中加入打击乐器的伴奏可以让歌曲更加丰满。用自然和谐的声音准确的演唱二声部合唱，提高学生合唱表演的能力。

4. 歌曲《丰收的节日》

学习新疆塔塔尔族民歌《丰收的节日》，能用活泼、欢快、动听的声音演唱歌曲；感受歌曲表现出的欢庆丰收的宏伟场面。用模唱、体态律动的方式解决歌曲的节奏、音准，用轻松自然地声音演唱歌曲，体验合唱的魅力。尝试学习新疆舞蹈的基本动作，体会新疆歌曲的风格特点。

（二）单元作业目标

1. 表演家

作业可以从单纯的练习型作业走出来。此项作业是加深学生的音乐感悟和体验。其目的是丰富学生的情感体验，丰富学生的音乐感受，自信表现音乐。

2. 小博士

从本课音乐知识出发，设计本项作业。让学生在感受美，表现美的基础上学会创造。其目的是增强学生学习民族音乐的兴趣以及创造能力，充分了解民族音乐相关知识。

3. 探索者

让学生变被动接受为主动探究，进行课后的研究性学习，充分培养学生的自主探究能力。

（天津市滨海新区塘沽岷江里小学 刘 静）

三、背景知识拓展

背景知识有助于学生更好地理解音乐作品。教师可通过以下方式实施策略：一是讲述音乐作品背后的故事，激发学生的学习兴趣；二是介绍作曲家的生平和创作背景，帮助学生深入理解作品；三是引导学生关注音乐与社会、历史的联系，提升学生的文化素养。

四、多媒体应用

在现代音乐教学中，多媒体技术的应用已成为不可或缺的一部分。教师应充分利用多媒体手段，如音频、视频、课件等，丰富教学形式，提高学生的学习兴趣。同时，借助多媒体技术，教师可以更直观地展示音乐作品的内涵，促进学生音乐知识的创新与创意延展。

 以人音版一年级下册第六课《闪烁的小星星》教学设计为例

【课程类型】唱歌课

【教材分析】

《闪烁的小星星》是一首法国民歌，歌曲曲调流畅、轻快从容。在学生已经初步体验"音的长短""音的快慢"后，本单元进入"音的高低"体验。本课注重引导学生在音乐实践活动中感受并认识音与音之间的高低关系。歌曲形象地描绘了宁静晴朗的夜空中星星熠熠闪烁的景色，抒发了人们对大自然的热爱之情。

【学习目标】

1. 能用轻快的声音和优美的舞蹈来表现歌曲《闪烁的小星星》，在愉快的音乐活动中感受星空的美妙，激发热爱大自然的情感。

2. 通过视唱、听辨、模唱、游戏等音乐实践活动感受并认识"音的高低"。

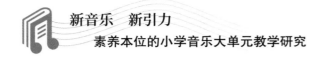

3.聆听勃拉姆斯的《摇篮曲》，感受摇篮曲的风格特点，能根据音乐做出恰当的情绪反应，能较准确地用肢体动作表达自己对音乐的感受。

【课前准备】

多媒体课件、电子白板、钢琴。

【教学过程】

一、组织教学、师生问好

1.用柯尔文手势唱音阶，观察并体会音的高低。

2.游戏律动：小耳朵听辨赛。

二、聆听导入、搜索记忆

1.师弹奏《小星星变奏曲》片段

师：上一节课，我们和小星星一起开了一场欢乐的舞会，我们跳了恰恰舞、圆舞曲舞步，小星星们都舞累了，它们想听音乐休息一下，老师这里有一首非常好听的钢琴曲，想弹给小星星和同学们听一听，听完以后告诉老师这里有没有你熟悉的旋律呢？

2.请熟悉这段旋律的同学唱一唱——出示课题《闪烁的小星星》

【设计意图】通过科尔文手势，让学生有意识去关注音的高低，设计游戏激发兴趣，在音阶发声练习环节与游戏活动中体会并理解音的高低；教师示范演奏，培养学生安静聆听的习惯，激发学生好奇心，在熟悉的旋律中引领学生探索本课的奥秘。

三、老歌新授，揭示奥秘

1.复习熟悉的第一段歌词。学生跟着老师用动作来记忆歌词，为后面的舞蹈表演作好铺垫。

2.聆听全曲，寻找奥秘

师：老师仿佛看到了一颗颗美丽的小眼睛在空中眨眼呢，现在我们一起来完整聆听这首歌，看看它和我们之前唱的有什么不一样呢？（学生听后交流，体会到

歌曲是由两段歌词组成）

3. 学唱第二段歌词

学生跟着老师加入肢体动作、按节奏读歌词，为后面舞蹈表演作好铺垫。并跟琴模唱歌曲第二段歌词，注意提示学生歌唱的方法与情绪的处理。

4. 再次完整聆听歌曲，提示反复记号以及结束句的演唱，并切换到交互式电子白板圈出反复记号重点提示。

师：同学们，两段歌词我们都学完了，你们再来完整地聆听歌曲，看看歌曲是不是从头唱到结尾，如果不是，从哪里发声了变化呢？（学生聆听后交流，发现反复记号在歌曲中的作用）

5. 跟钢琴完整演唱歌曲（C调、D调）

师：你知道如此熟悉的一首歌它出自哪个国家吗？这首歌曲赞美了星空的美丽与奇妙，也表达了法国小朋友对美丽星空的向往和对大自然的热爱之情，接下来你能不能把星空的美丽和你对它的喜爱唱出来呢？

6. 视唱歌谱

（1）画旋律线：师：天上的星星听着你们的声音都陶醉了，它们摆成了不同的队形要跟着同学们一起唱一唱呢！你们看，每颗星星身上还有音符呢，咱们可别让星星飞走了呀，请伸出你的小手跟着星星的高度做变化并在心里试着默唱歌谱（提示歌谱的规律）

（2）由易到难，师生接龙唱歌谱。

（3）给小音符找"家"，切换到交互式电子白板，发挥学生主动性，让学生把音符送回"家"。

【设计意图】从激发学生学习兴趣入手，设计演奏变奏曲、给熟悉的旋律加入舞蹈动作，老曲新唱，保持学生好奇心，让学生对熟悉的歌曲也能做到安静聆听，认真学唱，寻找奥秘。从最开始的游戏环节到歌曲学唱整个过程中始终引导学生加深对"音的高低"的认识，并掌握6个唱名。

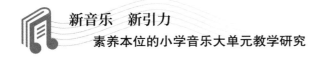

四、表演歌曲

教师引导学生边舞边唱，在快乐中巩固歌曲，展示学习成果，增强学生表演信心。

五、拓展延伸，歌曲欣赏

1. 初听教师范唱

师：同学们的精彩表现让星星们不忍离去，可是夜渐渐深了，星星们都困了，小朋友们该睡觉了。这时，从远处传来了一阵动听的歌声，请同学们仔细听这首歌是唱给谁的？你能给它取个名字吗？

2. 揭示欣赏勃拉姆斯的《摇篮曲》。

摇篮曲

摇篮曲既是这首歌曲的名字，也是一种音乐体裁，它是妈妈哄小宝宝入睡时唱的歌曲，它的旋律轻柔甜美，伴奏的节奏型则带摇篮的动荡感，又称催眠曲。

3. 复听歌曲范唱，谈一谈自己的感受，引导学生随着音乐情绪、节拍做出相应的肢体动作

4. 再听聆听歌曲

静静的夜晚，小宝宝在摇篮里，听着妈妈甜美的歌声，渐渐入睡了，学生两人一组轻轻拉手相对，做成小小的摇篮，随着音乐轻轻晃动！

5. 介绍作者勃拉姆斯。

6. 将《闪烁的小星星》+德拉姆斯的《摇篮曲》，两首完整串联演唱。

师：上节课大家跟随着活泼可爱的小星星们开完了舞会，这次它们听着优美的音乐轻柔地继续演唱，当夜越来越深，房间里传来了妈妈的歌声时，小星星们又该怎样做呢？你听……

7.聆听舒伯特的《摇篮曲》，再次感受"摇篮曲"的风格，加深"摇篮曲"体裁印象。

【设计意图】在学唱完《闪烁的小星星》，感受了夜晚的宁静与美好之后，通过聆听勃拉姆斯的《摇篮曲》，了解了"摇篮曲"这一音乐体裁，感受了"摇篮曲"的风格特点，深化本单元"美好的夜"这一主题。最后聆听其他版本的《摇篮曲》，再次深化"摇篮曲"体裁。

六、课堂小结

同学们，大自然是奇妙的，在你们的表演中，老师感受到了一个宁静而美妙的夜晚。今天我们欣赏了德国勃拉姆斯所创作的摇篮曲，又了解了一种音乐体裁"摇篮曲"，下节课老师继续带领大家欣赏中国的摇篮曲。

（天津市滨海新区塘沽三中心小学　胡惠子）

通过实施现有知识的跨单元、跨体系迁移与结合的教学策略，学生能够有效地调动并整合课程内外的相关知识，这一过程不仅激发了对过往学习内容的深度回忆与灵活运用，还极大地锻炼了学生活学活用的能力。这种迁移与结合的实践方式，为学生提供了一个宽广的认知平台，促使他们在多元认知的维度上不断拓展，从而真正实现音乐综合素养的全面提升与深化。

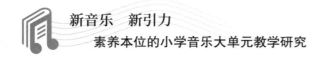

第四节

◆ ────────────────────────────

成果反哺：实践反馈与优化

从事音乐教育的人都知道达尔克罗兹体态律动、柯达伊教学系统、奥尔夫教学系统等这些服务于全世界音乐教学的方法，它们都脱离不了节奏的练习。音乐优质课的共性就是执教者奇思妙想，挖掘编创了与课程教学内容相关的节奏游戏，体现大单元教学理念，巧妙引导学生，落实教学任务，达成教学目标，提升核心素养。

一、学习主题的建立

主题是音乐学科依据艺术课程标准，围绕音乐学科某一核心内容进行整合凝练，能够深度激发学生的学习动机，促进音乐学科核心素养发展整体建构的学习内容。大单元教学的学习主题是大单元教学中的中心内容、主要思想、核心题目，学生可围绕单元学习主题与学时学习主题进行学习。

主题设计的路径较多，大部分时间学校以教材的主题为学习主题。除此之外我们可以就某一个音乐核心知识点整合的结构性知识，也可以是对音乐核心知识与最新教学改革成果的结构化整合，还可以依据音乐学科知识与学生已有学习经验的结构化整合来设计适合的学习主题。

例如，人音版三年级上册第四单元《放牧》教学内容为两首以"草原"为背景的乐曲《牧民新歌》（笛子独奏）、《草原放牧》（琵琶协奏曲）；两首以"放牛"为题材的歌曲《老水牛角弯弯》《放牛山歌》。为了加深学生对"放牧"主题的印象，在自然单元的基础上，拓展了《草原就是我的家》《我是草原小牧民》《小放牛》（歌曲）、《小放牛》（唢呐与乐队）、《酒歌》《草原赞歌》《牧童谣》《放牛歌》《放马山歌》等作品，共四学时，学习主题是《多姿多彩的民歌》。

二、教学目标的实时调整

在小学音乐教学实践中，以课程标准为坚实依据，紧密结合学生的实际学习情况，精心制定明确且具体的教学目标，是确保教学活动精准有效开展的关键前提。明确的教学目标能够为教学活动提供清晰的方向指引，使教学过程有的放矢，从而显著提升教学活动的针对性与实效性，确保教学资源得到合理配置与高效利用，促进学生在音乐知识与技能、情感态度与价值观等多维度的全面发展。

大单元音乐教学模式的创新之处在于，它突破了传统教学中单一自然单元的局限，不再对某一自然单元内作品进行孤立的设计与教学。并积极尝试打破自然单元的固有界限，将不同单元、不同领域的音乐知识进行有机融合，构建起一个系统化、结构化的音乐知识体系。通过这种跨单元、跨领域的知识融合，教师能够引导学生在更广阔的音乐视野中进行学习与探索，实现知识的深度整合与迁移应用，从而创造出"1+1>2"的教学效果。这种教学模式丰富了教学内容，拓展了教学空间，激发了学生的学习兴趣与创造力，培养了学生的综合思维与实践能力，为学生的音乐素养提升与全面发展提供了有力支撑，推动小学音乐教育向着更高层次、更具内涵的方向迈进。

音乐素养的形成也不是一朝一夕的事，是需要学生通过长时间的聆听，练习慢慢学习的过程。因此教师在设计大单元音乐教学时必须按照新课标所制定的要求和目标进行。同时教学参考用书可以说是教师们在设计时的好帮手，尤其为没有很多教学经验的青年教师们指明方向。对于有经验的教师可以不完全依附于教参，新课标就是路，一定要脚踏实地，不偏不倚地走在教育之路上。学好大单元，用好大单元，从而更容易达到培养学生核心素养的目的。

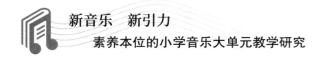

三、以学生为主体的授课方式

在小学音乐教学中，教师应高度重视教学内容的多样性和丰富性，精心挑选与学生年龄特点和认知水平相匹配的教学素材，以满足不同学生的学习需求，激发他们的学习兴趣与积极性。在设计大单元或小课时的教学目标与环节时，教师需始终坚持以学生为中心的教学理念，将学生的感受与体验置于首位，充分考虑学生的主体地位。同时，教师应紧密结合新课程标准中的先进理念与观点，确保教学活动的科学性与时代性。

大单元强调知识的整体性，它不再局限于单一课时的教学，而是将多个课时的内容整合成一个大的主题单元，如人音版六年级上册的"芬芳茉莉"这一单元，通过整合内容，演唱和欣赏六个不同版本的音乐作品《茉莉花》，展现内容的相互联系，形成连贯的知识体系，这种模式鼓励教师跳出传统课时框架，从宏观层面设计教学，使学生能够在更广阔的背景下理解和欣赏音乐。

教学过程不应仅仅局限于教师的单向知识传授，即单纯的"讲完了"，而应注重学生对知识的理解与掌握程度，即学生是否"听懂了""学会了"。更为关键的是，学生能否将所学知识灵活运用到实际情境中，实现知识的迁移与创新，这才是衡量学生是否真正学会的重要标准。教师应通过多样化的教学方法与评价手段，如实践操作、情境模拟、小组讨论等，引导学生在学习过程中主动思考、积极探究，培养他们的自主学习能力、批判性思维与创新能力，使其能够在音乐学习中不断提升自我，实现知识、能力与情感的协同发展，为学生的终身学习与全面发展奠定坚实基础。

四、教学活动的多样化设计

在小学音乐教学中，教师应依据教学内容精心设计多样化的教学活动，以充分激发儿童的学习兴趣与积极性，进而显著提升教学效果。具体而言，教师可以采用情境导入的方式，通过创设与教学内容紧密相关的生动情境，如模拟音乐会现场、再现历史音乐场景等，迅速吸引学生的注意力，使其在情境的引领下自然地进入学习状态，为后续教学活动的开展奠定良好基础。

探究学习是培养学生自主学习能力与创新思维的重要途径。教师可围绕教学重点与难点，设计具有启发性与挑战性的探究问题，引导学生在自主探究的过程中，积极思考、主动发现，逐步掌握音乐知识与技能，同时培养他们问题解决的能力，建立批判性思维。

小组合作学习则为学生提供了一个交流与合作的平台，通过合理分组，让学生在小组内相互讨论、协作完成任务，不仅能够培养学生团队协作的精神与沟通的能力，还能使他们在思维的碰撞中产生更多的创意与灵感，实现知识的深度理解和技能的熟练掌握。

互动评价环节是教学活动的重要组成部分，教师应鼓励学生积极参与评价过程，通过自评、互评以及教师点评等多种方式，及时反馈学生的学习情况，肯定学生的优点与进步，指出存在的问题与不足，为学生提供明确的学习方向与改进策略，从而形成良好的学习氛围与积极向上的学习动力，推动学生在音乐学习的道路上不断前行，实现教学效果的最大化。

 以人音版一年级下册第七课《理发师》教学设计为例

【课程类型】唱歌课

【教材分析】

《理发师》是一首欢快的澳大利亚民歌，歌曲生动地表现了理发师认真、踏实的工作态度，把理发师劳动时愉快的心情表现得栩栩如生。歌曲为大调式，由四个乐句构成。歌曲第一乐句、第二乐句前两个小节密集的八分音符，表现了理发店的老爷爷忙碌的身影，后两小节模仿理发的声响。第三乐句、第四乐句节奏舒

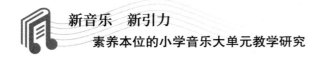

缓，形成对比，表达了老爷爷的快乐心情。

【教学目标】

1. 感受理发师劳动的愉快心情，帮助学生树立爱劳动的意识，引导学生在生活中成为家人和老师的小帮手。

2. 能够用轻快、活泼的声音演唱歌曲《理发师》，感知劳动中的典型节奏，能准确掌握"sol、mi"和"mi、do"的音高并用八音按钟演奏。

3. 引导学生对歌曲中的劳动场景做出模拟表演。

【教学准备】希沃课件、八音按钟、沙槌、三角铁、铃鼓、双响筒。

【教学过程】

一、儿歌说唱，入情入境

教师带领学生围成圈，边走边说儿歌《小小的花园》，"在小小的花园里面挖呀挖呀挖，种小小种子开小小的花；在大大的花园里面挖呀挖呀挖，种大大的种子开大大的花；在特别大的花园里面挖呀挖呀挖，种特别大的种子开特别大的花。"

师：在劳动的体验馆里挖呀挖呀挖，种勤劳的种子开幸福的花。欢迎大家来到我的劳动角色体验馆。在里面可以体验各种有趣的劳动，接下来的几节课老师就带你们去体验劳动的快乐，收获劳动的幸福，让我们出发吧！第一个体验馆里有什么劳动呢？我们一起听一听。

【设计意图】创设"劳动角色体验馆"的情境，为本单元学习提供任务指引。在教师的带领下，一边说大家都熟知的儿歌一边进入情境并帮助学生主动进入角色，引导学生在沉浸式、生活化的情境中进行学习，激发学生聆听音乐、学习歌曲的兴趣和愿望。

二、体验感受，快乐学唱

1. 聆听歌曲《理发师》，说说音乐中的老爷爷在干什么？（理发）

2. 感知歌曲中的典型节奏。

启发学生寻找：歌曲中你都听到了哪些有节奏的声音？是利用哪种工具发出来的？引导学生模仿。

3. 师生接龙学习歌曲旋律。

（1）运用柯尔文手势视唱旋律。

（2）出示乐谱及旋律线，师生接龙演唱乐谱，学生唱工具发出的声音，教师唱其他部分。

（3）运用八音按钟，师生接龙演奏旋律。

4. 指导学生随音乐有节奏地与师配合朗读歌词。

5. 快乐学唱，在节奏、音准掌握准确的情况下演唱歌曲。引导学生用欢快的歌声唱出理发师爷爷成功的喜悦。

6. 选择合适的打击乐器伴奏。

（1）认识"砂槌"，教师示范手持沙槌的正确姿势，学生尝试和探索沙槌的其他打击方法。

（2）教师出示沙槌、三角铁、双响筒、铃鼓，学生选择自己喜欢的乐器，参与歌曲的伴奏。

7. 模拟表演，用生活经验启发学生，引导学生对歌曲中的理发场景做出模拟表演，和同伴协商，按歌词内容分配角色，相互合作，自编自导自演。

【设计意图】引导学生将已有的生活经验迁移到音乐学习内容上，感知歌曲中劳动的节奏特点；结合柯尔文手势、乐器辅助、师生接龙等方式帮助学生准确掌握歌曲旋律，让学生在玩中学、动中学。

三、拓展归纳，延续情感

1. 引出主题，培育劳动精神。

出示劳动时的照片，并配乐《我有一双万能的手》，引导学生找出歌曲中小朋友用灵巧的手做了哪些事。（洗衣服、洗手绢、补袜子、缝纽扣）

2. 结合生活，学生畅所欲言。

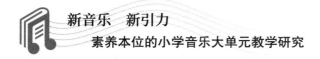

3. 生动表演，模拟劳动场景。引导学生边唱边表演已学过的歌曲《洗手绢》。

4. 归纳总结，根植劳动观念。

师：在劳动角色体验馆里，我们体验了劳动中的节奏，在游戏中学唱了歌曲《理发师》。老师希望我们每个小朋友都能有一双灵巧能干的手，就像理发店的老爷爷一样。老师也希望你们能用自己的双手创造美好的明天！最后，让我们一起唱着《理发师》这首歌，再次感受劳动给我们带来的欢乐吧！

【设计意图】从理发师的劳动转移到自己在生活中是怎样劳动的，做了哪些力所能及的事，帮助学生理解"劳动创造美好生活"的道理。通过音乐律动模仿生活中劳动的场景，帮助学生树立爱劳动的意识，引导学生在生活中成为家人和老师的小帮手。

四、单元总结

播放短片《献给每一双勤劳的手》，老师解说：同学们，这是一双手，剪头发的手、粉刷房屋的手、打铁的手、采蘑菇的手、整理书架的手、扫地的手、教书的手……每一双灵巧的手，都是辛勤劳动的手。劳动体验馆之旅到今天就结束了，在体验馆里我们体验了各种职业的劳动，第一学时，我们学习了歌曲《理发师》，跟随理发店的老爷爷把人们变得更加漂亮和自信，聆听歌曲《我有一双万能的手》和《洗手绢》知道在生活中也要成为家人和老师的小帮手；第二学时，学习了歌曲《粉刷匠》，体验到了劳动的快乐，聆听歌曲《勤劳人和懒惰人》和《劳动最光荣》知道了勤劳的人会受人尊敬，懒惰是可耻的道理；第三学时，我们来到铁匠铺，欣赏了亨德尔作曲的《快乐的铁匠》，跟随管弦乐队演奏、维也纳童声合唱团演唱的乐曲《铁匠波尔卡》，体验了"铁匠"这个劳动者的形象；第四学时，我们知道了音乐和劳动生活是密不可分的，体验了中国民歌"劳动号子"这一音乐体裁的特点，还到山林里聆听了《采蘑菇的小姑娘》，和她一起收获着劳动的喜悦，分享着劳动带来的幸福。

劳动是质朴的亦是多彩的，希望同学们把劳动的种子深植于心中，更加热爱

劳动，勤于劳动，善于劳动，终有一天，这颗种子会生根、发芽变成丰硕的果实！同时，我们也要珍惜劳动成果，播放《听我说》师生跟唱。

（天津市滨海新区塘沽岷江里小学　刘　静）

五、现代教育技术的深入运用

在当代小学音乐教学实践中，积极运用多媒体课件、互联网等现代教育技术手段，已成为拓展教学资源、丰富教学形式、提升教学效率的关键策略。多媒体课件以其图文并茂、声像俱佳的特点，能够将抽象的音乐理论、复杂的音乐结构以及丰富的音乐文化背景等知识，以直观、生动的形式呈现给学生，使学生在视觉与听觉的双重刺激下，更易于理解和掌握音乐知识，增强学习的趣味性与吸引力。

互联网的广泛应用则为音乐教学带来了海量的优质资源和广阔的学习空间。教师可以通过网络平台获取世界各地的音乐作品、教学案例、学术研究成果等，不断更新教学内容，拓宽教学视野。同时，借助在线教学平台、虚拟音乐实验室等工具，教师能够开展远程教学、互动研讨、在线作业等多种教学活动，突破传统课堂教学的时空限制，实现教学的个性化与差异化，满足不同学生的学习需求。

此外，现代教育技术手段的运用还能够显著提高教学效率。通过预设的教学程序和自动化的教学辅助功能，教师可以更加便捷地组织教学活动，节省教学时间，提高课堂容量。同时，利用数据分析工具，教师能够及时了解学生的学习进度与掌握情况，精准定位教学问题，为教学的持续改进提供有力依据。总之，现代教育技术手段，为小学音乐教学注入了新的活力，推动教学模式的创新与变革，助力学生音乐素养的全面提升。

六、多元评价体系的建立

大单元教学激发了学生学习的兴趣和热情，通过创设情境、游戏等方式，使学生在参与节奏游戏中更加主动。大单元教学更加注重培养学生技能技巧的同

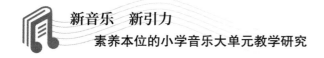

时，还注重培养学生感知音乐、表现音乐、创造音乐的能力，促进学生音乐素养的全面发展。大单元教学中的小组合作环节，使学生的合作意识和能力得到锻炼，团队合作精神和人际交往能力得到提高。

因此，要对音乐课程的教学效果进行全面、客观的评价，则需要采用学生自评、小组互评、教师评价等多元化的评价方式，促进学生的不断进步和不断发展。在充分发挥学生思维和创造力的同时，不断挖掘课程资源；在培养学生独立思考、自主决策能力的同时，注重发展学生良好的个性特点，尊重学生的情感体验。在轻松愉快的氛围中，不断完善寓教于乐的教学方式，形成一套成功的教学模式，促进学生学习，促进学生成长。

总体而言，以素养为导向的小学音乐大单元教学模式，显著地强调了教学的整体性、综合性和最优化特征。这一模式不仅将音乐教学的各个环节紧密地联结为一个有机整体，而且注重在不同知识领域间的交叉融合，以实现教学效果的最大化。通过这一模式的实施，学生能够在更为宽广和深入的层面上接触和理解音乐，从而有效地促进其音乐素养的全面提升与发展。

第四章

小学音乐与跨学科课程建设间的
联动融合

　　随着教育改革的持续深化，跨学科融合教学已成为教育领域内一股不可忽视的新潮流。作为基础教育体系的关键一环，小学音乐教育的教学目标已不再局限于单纯音乐技能和素养的培育，而是更加注重通过音乐这一媒介，全面促进学生的身心健康发展，实现其综合素质的全面提升。

　　大单元注重学科的融合性，音乐并非孤立存在，它与艺术、人文等领域紧密相连。以人文线索为主，通过融合不同学科元素，揭示音乐与影视的内在联系，激发学生对音乐的理解，感受音乐学科赋予其他学科不能给予的独特力量，使学生的欣赏能力得到了显著提升，同时形成核心素养，实现育人的终极目标。

　　音乐与其他学科的跨界融合，是指在音乐教学中引入其他学科的知识、方法素材等，使音乐教学与其他学科相互渗透、相互补充、相互促进。这种教学策略可以拓展音乐教学的视野和深度，增加音乐教学的趣味性和实用性,培养学生的综合素养和多元智能。

融合教育模式不仅有助于学生更全面地理解音乐,还促进了其审美情感和文化认同的显著提升。在音乐大单元框架中有效融合各学科知识,以培养学生的艺术素养、创造力及表达能力。此外,将跨学科融合教学引入小学音乐教育,不仅可以丰富音乐教学内容,提高学生的学习兴趣和综合素质,还能有效促进教育公平。

融合教育在提升学生核心素养方面具有卓越成效和深远影响。期待这样的探索与实践能为小学音乐教育开辟新的视野、注入新的活力,为实现艺术教育在全面培养学生素养中的崇高目标贡献智慧和力量。

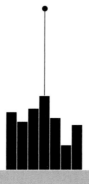

第一节

音乐与文学的融合：语言与旋律

在新时代的教育浪潮中，中国教育变革与发展呈现出从"五育并举"迈向"五育融合"的基本趋势，这一转变标志着教育理念与实践的深度融合与创新。围绕学生全面发展的培养目标，学校课程结构的优化成为关键着力点，旨在强化课程的综合性与实践性，以适应新时代人才培养的需求。

在此背景下，各学科的独特育人功能得到充分发挥，同时学科之间的联动性被置于前所未有的重要位置。多学科融合的教学路径应运而生，成为教育创新的重要实践形式。具体而言，这一路径涵盖了语文、德育、体育、英语等学科类课程教学的多层次融合。通过打破学科壁垒，实现学科知识与技能的相互渗透与补充，促进学生在不同学科领域的知识迁移与综合应用能力的提升。

例如，在语文教学中融入德育元素，培养学生的人文情怀与道德素养；在体育活动中嵌入团队合作与竞争意识的培养，强化学生的社会交往能力；在英语教学中结合跨文化交际知识，拓展学生的国际视野。这种多层次的学科融合不仅丰富了教学内容与形式，还为学生提供了更为广阔的学习空间与实践平台，有助于培养学生的创新思维、综合素养与适应未来社会的能力，推动教育从知识传授向能力培养与素养提升的深度转型，为学生的全面发展奠定坚实基础。

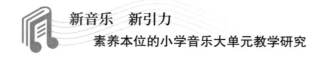

一、音乐与文学的契合性

音乐与语文学科之间存在着紧密而深刻的内在联系，二者相互映照、相得益彰。在艺术的长河中，以文学作品为创作素材的音乐作品俯拾皆是，诸如《但愿人长久》这般传世经典，便是文学与音乐完美融合的典范。音乐，以其独特的旋律和节奏，超越了语言的界限，成为一种无言的情感表达；语言，以其丰富的内涵和精准的表达，为音乐赋予了深邃的思想与灵魂。当二者相互渗透、融合时，便能产生强大的艺术感染力，使文学作品在情感维度上获得全新的升华与拓展。

在教学实践中，打破传统单一的教学模式，将音乐与语文教学有机结合，具有重要的创新意义。通过引导学生在音乐的伴随下学习语文，不仅能够激发学生对文学作品的兴趣，还能有效唤醒他们的阅读思维，促使学生主动投身于学习与探究之中。在音乐的熏陶下，学生更深刻地领略文学作品的美感，获得情感上的启迪与精神上的滋养，从而在语文学习的天空中自由翱翔，开启一段充满诗意与想象的学习之旅。这种跨学科的教学融合，为学生的全面发展提供了更为广阔的空间与丰富的养分，有助于培养学生的综合素养与创新思维能力，推动教育向更加多元、开放的方向发展。

二、音乐与文学融合教学优势

在小学教育阶段，音乐与语文的深度融合具有深远的教育意义与文化价值。一方面，这种跨学科的教学模式能够使学生在欣赏音乐作品的同时，对我国文学语言的韵律之美、意象之丰以及内涵之深产生更为深刻的理解与感悟，从而在文学素养的提升中增强对母语文化的认同感与自豪感。另一方面，借助音乐的独特魅力，学生能够对音乐的表现力形成更为深刻、更新鲜、更全面的感知与认识，进而在音乐的熏陶下拓展艺术视野，丰富情感体验，激发创造力与想象力。

更为重要的是，音乐与语文的融合在古今文化的传承与创新之间搭建起了一

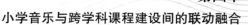

座宽敞而坚固的桥梁。教师在教学过程中应积极鼓励学生将诗歌文学融入音乐创作与欣赏之中，引导他们在不断的感受与探索、创造与想象中，实现对传统文化的继承与发展、创新与超越。通过这样的教学实践，学生不仅能够逐步提高自身的音乐素养和艺术鉴赏能力，还能够在文化的传承与创新中成长为具有文化自信与创新精神的现代公民，为我国博大精深的传统文化在新时代背景下的传承与发展注入新的活力与动力，推动文化事业的繁荣兴盛。

三、音乐与文学融合教学策略

在语言学科领域，单元教学作为一种有效的教学策略，被广泛应用于提升学生的阅读理解和写作能力。通过精心设计具有连贯性和整体性的单元教学内容，教师能够引导学生深入理解文本，精准掌握语言运用的技巧与方法，进而全方位提高学生的语言素养。单元教学不仅注重知识的传授，更重视学生学习兴趣与主动性的激发，鼓励学生在积极参与和互动的过程中，自主构建知识体系，提升语言综合运用能力。

（一）以文学作品为依托

将语文课本中的诗歌、故事、寓言等文学作品巧妙地转化为音乐教材，为学生提供了一个跨学科的学习平台。在这一平台上，学生在欣赏、朗读、演绎语文作品的过程中，能敏锐捕捉到其中蕴含的音乐美感，积极探索作品中的音乐元素，进而激发创作灵感，创作出具有个性与创意的音乐作品。

例如，以《荷塘月色》这篇经典散文为蓝本，引导学生关注文中描写荷花开放时不同动物发出的声音细节，鼓励他们运用打击乐器或人声，模仿这些声响，并巧妙地组织成一首既具有节奏感又富有对比感的打击乐曲。这种跨学科的教学实践，不仅加深了学生对语文作品的理解与感悟，还拓展了他们的艺术表现力与创造力，实现了语言学科与音乐学科的深度融合与协同发展，为学生的全面发展提供了更为广阔的空间与丰富的养分。

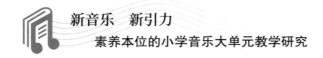

（二）古诗词与音乐教学深度融合

古诗词以其独特的语言节奏美、深邃的意境美以及和谐的韵律美著称，这些美学特质与音乐的内在属性高度契合。在当代文化生活中，众多流行歌曲便是取材于古诗词，实现了古典文学与现代音乐的巧妙融合。例如，苏轼的《水调歌头·明月几时有》、张继的《枫桥夜泊》以及王维的《相思》等经典之作，均被改编为广为传唱的歌曲，这不仅彰显了古诗词与音乐之间紧密而自然的联系，也体现了传统文化在现代社会中的创新性传承与发展，使古典诗词的美学价值得以在新的艺术形式中延续与升华。

通过歌词的欣赏和解析，让学生深入理解音乐作品的内涵和情感。例如，《快乐的音乐会》中的歌词生动地描绘了小乐手吹、拉、弹、唱的场景，让学生在歌唱的同时感受到音乐的魅力。

从语文教学的角度来说，古诗词教学是小学阶段语文课的重点也是难点。常用的教学方式是指导学生朗读，纠正诗词发音，启发学生翻译诗词，并背诵诗词，这样的方式虽然可以在某种程度上达到一定的教学目标，但教学模式未免机械、单一。一些诗词作品仅以碎片的形式储存在学生的大脑中，随着时间推移而逐渐忘却。而通过组织诗词与小学音乐教学的融合，可以在某种程度上帮助学生理解诗词的含义，并有效巩固学生在语文课上学到的知识和技能，有助于促进学生健康发展

从小学音乐教学的角度来说，某些古诗词作品是学生学过的知识，结合诗词来设计音乐教学的内容，可以在一定程度上构建"似曾相识"的学习体验，从而帮助学生理解音乐歌曲的内涵和意境。同时，诗词与音乐教学的融合，也是教学方式破旧立新的体现，可以给学生以新鲜感，激发学生的音乐课学习兴趣，从而提高小学音乐教学的有效性。

另外，在教育信息化与数字化浪潮的推动下，信息技术在教育领域的应用日益广泛，其影响力不断凸显，多媒体教学便是这一变革的直观体现。目前，多媒体

教室已在中小学广泛普及，为教学方式的创新提供了有力支持。小学音乐教师可充分利用多媒体技术，精心挑选与音乐课程教学内容高度契合的教学视频，引导学生进行欣赏。通过视频中生动的图像与优美的旋律，从视觉与听觉双重维度对学生形成强烈的感官刺激，有效激发小学生对音乐课的学习兴趣。在此基础上，教师能够巧妙地构建起诗词与音乐相互交融的音诗音画氛围，使学生在欣赏音乐的同时，深入领略诗词的意境之美，进而提升音乐课的教学质量，促进学生音乐素养与文化内涵的协同发展。

 以人音版六年级下册第一单元"古风新韵"作业设计为例

一、单元分析

（一）教材分析

古琴曲《关山月》是汉代乐府歌曲之一，属于"鼓角横吹月"，是当时守边将士在马上吹奏的军乐。琴曲《关山月》为梅庵琴派著名代表曲目之一。曲子虽然短小，但音韵刚健而质朴，气魄宏大，抒壮士之情怀，真挚感人，富有浓厚的北地音乐风味。

《但愿人长久》是一首流行歌曲，选自北宋著名词人苏轼的词《水调歌头》，由著名作曲人梁弘志作曲，邓丽君演唱，后经许多人翻唱。歌曲中每个乐句基本以"2－－－"为结束音，营造了"月圆之时人孤单"的情景，有着对现实的无奈但又超然豁达之意。

《游子吟》由当代著名作曲家谷建芬为唐代诗人孟郊所写的词谱曲。此曲以动人优美的旋律，饱含深情地演唱，表达了对母爱的感激与歌颂，扣人心弦，催人泪下。

《花非花》是我国音乐教育家、作曲家黄自创作的艺术歌曲中影响最广的一首歌曲。在词曲结合中较好地采用了依字创腔，使歌曲犹如在吟诵，给人以无限的

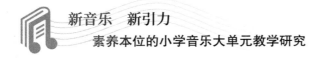

柔媚感。

（二）学情分析

本课以"古风新韵"为主题，目的是让学生在吟诵诗词与演唱古诗词歌曲中，感受意境，体会二者之间的关系。六年级的学生在诗词的诵读与理解上已经有了一定的基础，因此能够唱出古诗词歌曲所表达的意境，能够跟随音乐朗诵歌词并能够进行创编活动是本课的重点。

二、单元学习与作业目标

（一）单元学习目标

1. 欣赏古琴曲《关山月》，认识民族乐器古琴，并记住古琴的音色。

2. 通过聆听，聆听两首古诗词曲，体会作品表现的意境。知道歌曲《但愿人长久》在乐句结束音运用上的特点，以及所表现的情景和情感，在演唱中体会歌曲所表现的意境。

3. 能饱含深情地背唱歌曲《游子吟》，表达自己对母爱的感激之情。说出两段不同的旋律在音区、旋律上的不同。

4. 能用轻柔、连贯的声音演唱歌曲《花非花》，在吟诵中感知词曲之间的紧密关系。

5. 通过这节课的学习，培养学生热爱民族音乐、弘扬民族音乐文化的思想情感，增进他们对祖国音乐艺术的热爱之情。

（二）单元作业目标

1. 能有感情、准确地演唱歌曲。

2. 通过了解作品创作背景、作曲家生平，感受歌曲的意境与感情。

3. 通过听辨节奏、编创旋律，巩固复习本单元音乐知识，并能通过编创动作表现不同的音乐情绪。

三、单元作业设计思路

古典诗词是我国传统文化的瑰宝，它文辞优美兼具音乐性。教科书以"古风新韵"为主题,旨在让学生在吟诵诗词与演唱古诗词歌曲中,感受音乐中诗词所表现的意境,体会诗词韵律与音乐旋律之间的紧密关系。同时,在音乐学习中传承中华民族文化,体现"把经典嵌在学生脑子里,成为中华民族文化的基因"的教育方针。根据本单元内容,课时作业设为三个栏目,分别为:"我是歌唱家""创作小能手""最强大脑"。每人根据实际情况任选一项,提交作业形式为视频,并附自评星级。

"我是歌唱家"栏目为基础题:通过查阅知识、和朋友比一比、父母同唱一首歌等不同的形式演唱歌曲,准确表达歌曲的音乐形象和情感。

"创作小能手"栏目为实践题:通过自制乐器、编创手势舞等多种形式对歌曲进行编创,给音乐作业注入生机和活力,掌握知识技能的同时更激发创造能力。

"最强大脑"栏目为探究题:通过深度挖掘音乐作品,了解音乐文化,结合日常生活感受音乐,拓宽音乐视野,提升音乐素养。

单元检测以"古诗词朗诵"为主题,设计多种活泼生动、深受学生喜爱的形式,以节目展演、视频分享、互动抢答等方式,全面考查本单元课程内容所涉及的教学目标达成情况,通过自评、生生互评、老师评价的方式激发学生对音乐的热爱,调动学生的积极性。

四、课时作业

第一课时:

1. 作业内容

请任选一项,与家庭成员一人或多人一起完成。提交作业形式为 MP4 视频,并附上自评星级。

我是歌唱家:请说一说与《关山月》有关的知识或历史,并完整哼唱歌曲,边唱边画旋律线,感受旋律线条的美。

创作小能手:请试着为《关山月》创编歌词,并完整地表演出来。

最强大脑:请简述作者李白及背诵他的其他作品。

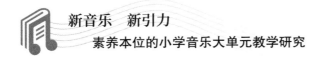

2. 评价设计

表 4-1 《关山月》评价表

自选项目	评价标准	水平	自评	师评
我是歌唱家	表述内容丰富流畅；能用深情的情绪哼唱	★★★★★		
	表述内容完整流畅；能用深情的情绪哼唱	★★★★		
	表述内容流畅；能用深情的情绪演唱	★★★		
创作小能手	创编歌词，并边唱边表演	★★★★★		
	创编歌词，表演流畅	★★★★		
最强大脑	背诵古诗词 3 首及以上	★★★★★		
	背诵古诗词 1—2 首	★★★★		

评价说明：本课时作业内容"我是歌唱家"为基础型，评价设计三个等级；"创作小能手"和"最强大脑"为提升型，只设置两个等级，均用星级表示。

3. 作业分析与设计意图

（1）作业分析

通过聆听《关山月》，了解认识中国古老的乐器——古琴。通过作品聆听，让学生感受古琴所表现的"安静悠远"的意境，体会古琴独特的"天地之音"和空灵感，并记住古琴的音色特点。

我是歌唱家：通过哼唱歌曲，让学生把音乐与生活相结合、与社会相结合，展现古诗词韵味和风采。

创作小能手：创编歌词，并随着音乐演唱歌曲。

最强大脑：通过了解歌曲的创作背景和作者李白及代表作，深情地演唱歌曲，提高学生积极性，高效完成课时基本内容的学习。

（2）设计意图

我是歌唱家：考查学生对古琴曲的哼唱表达，并且深层次地了解关山月的背景故事。

创作小能手：创编歌词，增加学生学习的趣味性，培养学生的创造力。

最强大脑：了解作者李白更多好作品。

第二课时：

1. 作业内容

请任选一项，提交作业形式为 MP4 视频，并自评星级。

我是歌唱家：请将歌曲《但愿人长久》演唱给爸爸妈妈听。

创作小能手：为歌曲《但愿人长久》设计一套手势舞。

最强大脑：请简述作者苏轼，并尝试背诵他的作品。

2. 评价设计

表 4-2 《但愿人长久》评价表

自选项目	评价标准	水平	自评	师评
我是歌唱家	表述内容丰富流畅；能用深情的情绪哼唱	★★★★★		
	表述内容完整流畅；能用深情的情绪哼唱	★★★★		
	表述内容流畅；能用深情的情绪演唱	★★★		
创作小能手	创编歌词，并边唱边表演	★★★★★		
	创编歌词，表演流畅	★★★★		
最强大脑	背诵古诗词 3 首及以上	★★★★★		
	背诵古诗词 1—2 首	★★★★		

评价说明：本课时作业内容"我是歌唱家"为基础型，评价设计三个等级；"创作小能手"和"最强大脑"为提升型，只设置两个等级，均用星级表示。

3. 作业分析与设计意图

（1）作业分析

我是歌唱家：为本课学习的基本考察内容，让学生在真实的情境中明确歌颂对象，真切地表达自己的情感。

创作小能手：通过引导学生设计手势舞，感受、体会歌曲所表达的思想与情感，能用轻柔优美的动作表演歌曲。

最强大脑：通过了解歌曲创作背景、作者苏轼及代表作并深情演唱，能提高

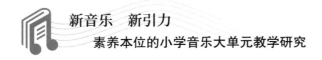

学生的积极性，高效完成课时基本内容的学习。

（2）设计意图

我是歌唱家：通过让学生演唱歌曲，体会苏轼的情感变化及其原因，理解"但愿人长久，千里共婵娟"的含义，感受苏轼对弟弟的思念之情及其豁达的襟怀。

创作小能手：挖掘歌曲的文化内涵，激发学生的创造意识，引导学生探索更多的音乐表现形式。

最强大脑：了解作者苏轼更多好作品。

4. 创作小能手手势舞展示

第三课时：

1. 作业内容

请任选一项，提交作业形式为 MP4 视频，并附上自评星级。

我是歌唱家：怀着对母亲的赞赏之情演唱《游子吟》。通过学习，教育学生体贴父母、孝敬父母。

创作小能手：为歌曲《游子吟》设计手势舞。

最强大脑：自选一首孟郊的作品进行朗诵，通过活动复习学过的古诗歌曲，激发学生对古诗文化的热爱。

2. 评价设计

表 4-3　《游子吟》评价表

自选项目	评价标准	水平	自评	师评
我是歌唱家	表述内容丰富流畅；能用深情的情绪哼唱	★★★★★		
	表述内容完整流畅；能用深情的情绪哼唱	★★★★		
	表述内容流畅；能用深情的情绪演唱	★★★		
创作小能手	创编精美手势舞，并边唱边表演	★★★★★		
	创编手势舞，表演流畅	★★★★		
最强大脑	朗诵感情饱满	★★★★★		
	完整朗诵	★★★★		

评价说明：本课时作业内容"我是歌唱家"为基础型，评价设计三个等级；"创作小能手"和"最强大脑"为提升型，只设置两个等级，均用星级表示。

3.作业分析与设计意图

（1）作业分析

我是歌唱家：为本课学习的基本考查内容，让学生在真实的情境中明确歌颂对象，真切地表达自己的情感。

创作小能手：引导学生设计手势舞，体会歌曲所表达的思想与情感，并能用轻柔优美的动作表演歌曲。

最强大脑：了解孟郊及朗诵作者的作品，增加学生的知识储备，提高学生的积极性，高效完成课时基本内容的学习。

（2）设计意图

我是歌唱家：通过演唱歌曲，感受歌曲的意境，体验诗词文化的博大精深。

创作小能手：改变学生的学习方式，培养学生独立学习的能力，能与其他同学合作、交流。

最强大脑：选择合适的音乐为故事朗诵配乐，使音乐与古诗融为一体，增加学生对古诗意境的理解，从中感受母子情。

第四课时：

1.作业内容

请任选一项，提交作业形式为 MP4 视频，并附上自评星级。

我是歌唱家：能用轻柔、连贯的声音演唱《花非花》，培养学生良好的歌唱状态和习惯。

创作小能手：学习律动，随音乐合拍地表演，体验、表现律动的情趣，感受活动的快乐。重视音乐实践中的创造过程，充分发挥学生的想象力和创造力。

最强大脑：为《花非花》创设情境，且表演出来，可加入古琴或者竖笛作为伴奏。

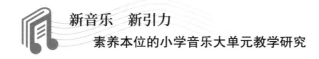
2. 评价设计表

表4-4 《花非花》评价表

自选项目	评价标准	水平	自评	师评
我是歌唱家	表述内容丰富流畅；能用深情的情绪哼唱	★★★★★		
	表述内容完整流畅；能用深情的情绪哼唱	★★★★		
	表述内容流畅；能用深情的情绪演唱	★★★		
创作小能手	创编律动，边表演边演唱	★★★★★		
	创编律动，表演流畅	★★★★		
最强大脑	完整丰富地表演情景剧	★★★★★		
	完整的表演情景剧	★★★★		

评价说明：本课时作业内容"我是歌唱家"为基础型，评价设计三个等级；"创作小能手"和"最强大脑"为提升型，只设置两个等级，均用星级表示。

3. 作业分析与设计意图

（1）作业分析

我是歌唱家：能够用优美的声音完整地演唱《花非花》，尝试结合力度变化体验歌曲的情感。

创作小能手：创编律动，培养学生的节奏感，发展学生的表现力，体验音乐的乐趣。

最强大脑：创编合作，增加学生对古诗意境的理解。

（2）设计意图

我是歌唱家：通过演唱，体会歌曲所表现的艺术气息和朦胧美。

创作小能手：通过律动，培养学生的动手与反应能力，增强节奏感。

最强大脑：通过小组配合的形式进行合作创编，了解作者作品背景，增加学生对古诗意境的理解。

4. 创作小能手的律动展现

五、单元质量检测作业

（一）单元质量检测作业内容

以班级为单位组织"古风传承"主题活动，通过节目展示、现场知识抢答等形式达到单元质量检测的目的。活动内容灵活丰富，有表演唱、手势舞、视频展示、现场自制乐器演奏等多种形式，体会古代文人气质与感情。通过欣赏《关山月》，感受古琴的魅力，激发学生对古琴的热爱。

我是歌唱家：以小组为单位，任选本单元中的一首歌曲，用喜欢的演唱形式边唱边表演，体现古代文人的气质与感情。

创作小能手：通过文人扮演、手势舞、创编歌词的形式，激发学生的学习积极性。

最强大脑：通过歌颂古人，欣赏他们的作品，表达对古人智慧的赞赏与尊敬。

（二）单元质量检测作业属性表

序号	类型	对应单元作业目标	对应学习水平			难度	来源	完成时间
1	我是歌唱家	1		√	√	容易	原创	
2	创作小能手	2	√	√		中等	原创	20分钟
3	最强大脑	3	√	√	√	较难	原创	

（天津市滨海新区塘沽贻成小学　席美艳）

（三）挖掘呈现音乐史与音乐文化

在小学音乐教学中，深度挖掘音乐作品所蕴含的历史背景与文化常识，是实现音乐学科与语文学科有机融合的关键路径。通过这种跨学科的教学实践，教师能够引导学生从更广阔的视角理解音乐作品，从而促进学生对知识的深度融会贯通。具体而言，教师可以选取具有丰富文化内涵的音乐作品，如古典音乐、民族音乐等，结合相关的历史文献、文学作品，为学生呈现一个立体、多元的文化世界。

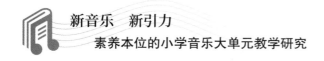

在这一过程中，学生能学习到音乐知识，深入了解作品背后的历史故事、文化传统以及社会背景，进而提升其综合素养。

在学习一首古代诗词改编的歌曲时，教师可以引导学生探究诗词的创作背景、作者的生平经历以及所处时代的文化特征，使学生在欣赏音乐的同时，深入理解文学作品的内涵，感受文化的魅力。这种教学模式不仅有助于学生构建系统的知识体系，还能培养他们的跨学科思维能力，使其在不同学科领域之间实现知识的迁移与应用，为学生的全面发展奠定坚实基础，推动小学音乐教育在培养学生核心素养方面发挥更大效能。

通过介绍不同音乐作品的背景和创作背景，让学生了解到音乐与历史文化的紧密联系。例如，在学习《唢呐配喇叭》时，可以向学生介绍湖南地区的音乐文化和历史背景，增强他们对民族音乐的认识和尊重。

此外，通过舞蹈表演，教师还可以激发学生对音乐与中华传统民族文化的深度体验，深刻理解其中的节奏和韵律美。以传统音乐作品《百鸟朝凤》为切入点，巧妙编排简单而生动的舞蹈动作，引导学生模仿凤凰的飞舞姿态，将音乐与中华传统凤凰文化相嫁接。这种独特整合不仅加强了学生对音乐作品的感悟和体验，同时深化了他们对中华传统民族文化的认识。这种融会贯通的学习方式突破了学科界限，引领学生更全面地领略音乐作品中蕴含的文化内涵。

在音乐课堂的拓展环节中，教师可以积极鼓励学生参与歌曲创编。学生在深刻理解诗词作品意蕴以及情感的基础上，用简单的音符与节奏创编并演唱，或根据所学的诗歌进行改编（加衬词、节奏等）。让他们在语文和音乐融合的过程中发挥创造性思维，展现才能，并对音乐作品有新的理解。

在新时代的教育背景下诞生的融合教育理念不仅为学生提供了丰富多彩的学习内容和形式，更在潜移默化中提升了学生的核心素养，为每一名学生量身定制适合其个体发展的教育方案，以满足不同学生的学习需求和潜能开发。小学音乐教育作为美育的重要组成部分，与多学科的深度融合展现出巨大的发展潜力和广阔的发展前景。通过跨学科的教学实践，教师能够打破传统学科界限，寻求教育的新突破与改革路径，为学生打造一个多元化、综合性的学习平台。

这种融合不仅能够有效提升学生的审美能力，培养他们对美的敏锐感知和深刻理解，还能在更广泛的学科领域内促进学生综合素质的全面发展。在多元文化的教育环境中，学生有机会接触和学习不同文化背景下的知识与价值观，从而树立正确的人生观和价值观，形成包容、开放的国际视野。小学音乐与多学科的融合教育，为学生的全面发展提供了丰富的土壤和广阔的空间，有助于培养出具有创新精神、实践能力和良好人文素养的现代公民，为学生的未来成长奠定坚实基础，推动教育事业向着更加个性化、多元化和国际化的方向发展。

 以人音版二年级下册第七课《音乐小屋》教学设计为例

一、教材分析

《音乐小屋》是人音版二年下册第七单元的一首儿童歌曲，2/4拍。这首风趣的歌曲，轻松、愉快。三度下行的音程起句，构成起伏的旋律，和着舒展的节奏，给人一种柔和的感受。描绘了"叮咚"作响的玩具小屋给人们的快乐，抒发了热爱音乐的孩子们的愉快心情。

二、学情分析

二年级在小学中还处于低段，这个年龄阶段的孩子活泼好动、模仿力强，根据这一特点，笔者在教学中紧密结合学生的生活实际，将学生带入童话梦境般的音乐世界，感受歌曲欢快愉悦的情感。课堂内容突出趣味性、情景性，引起学生强烈的学习欲望，培养学生对音乐的热爱。

三、教学目标

（一）学生能用轻快而甜美的声音演唱歌曲《音乐小屋》，体验学习音乐的乐趣，初步了解中国民族器乐，增强中华民族自信心和自豪感，激发学生爱国之心。

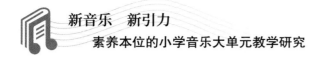
（二）学生能够唱准附点节奏，唱好休止符，能在教师的引导下认识力度记号，并在演唱中表现力度的变化，能够用打击乐器为歌曲伴奏。

（三）通过趣味性的情景创设，能积极主动聆听、体验、想象、创造、表现音乐，并感受师生、生生之间合作的愉快。

三、教学重难点

（一）学生能有感情地演唱歌曲，并积极主动地参与各种音乐活动。

（二）学生能够唱准附点节奏，唱好休止符，能在教师的引导下认识力度记号，并在演唱中表现力度的变化，能够用打击乐器为歌曲伴奏。

四、学前准备

多媒体课件、钢琴、打击乐器、箫、琵琶。

五、教学过程

（一）复习导入，创设情境

复习歌曲《箫》：

1.教师展示民族乐器箫，提问学生还记得这个好朋友吗？师说：箫是中国传统民族乐器，跟它长得很像的一个民族乐器是什么？它们的演奏姿势有什么区别呢？学生回答笛子。

2.师生总结：横吹笛子，竖吹箫。笛子的音色是清脆明亮，箫的音色是低沉悠扬。

3.师生一起复习演唱《箫》。

（二）情境导入

1.创设参加音乐小屋的音乐会情境，激发学生学习兴趣。

教师："音乐小屋里的音乐小精灵听到学生美妙的歌声给送来了一份邀请函，原来是音乐小屋要举行快乐音乐会啦，它说大家好，我是音乐小精灵，欢迎大家来我的音乐小屋做客，不过来的路上要通过我的考验！"

2.创设音乐小火车来啦的情境，音乐小精灵说要想上火车，需要闯关获得音乐车票才行，鼓励学生积极参与活动。

【设计意图】通过复习演唱自然单元上一节课歌曲《箫》，引出民族乐器箫，复习讲解箫和笛子音色区别，体现大单元教学。然后情景趣味导入，激发学生的学习兴趣，让学生在轻松欢乐的氛围中进行闯关活动。

六、闯关活动，学习歌曲

（一）第一关：巧探声音，初感音准

1. 听一听：音的力度

在音乐小屋有各种不一样的音，请同学们分辨聆听，两次声音有什么不同？教师分别用 f 和 p 两种力度去敲击，第一次强、第二次弱。学生回答，强弱。

教师提出问题：那么声音的强弱在乐曲中如何标记呢？引出下一个问题。

2. 学一学：强弱记号

教师回答声音的强弱在乐曲中如何标记的问题，在音乐王国里声音强的可以用 f 表示，声音弱的可以用 p 表示，它们会经常在歌曲中出现，有着很重要的作用。

3. 探一探：身边的声音

引导学生发现探索身边的声音，人声、拍手、纸、凳子……学生自己发现身边的声音，并利用身边的声音表现音乐的强弱，体验强弱的不同。

4. 总结评价

闯关成功，音乐小精灵也送来了神秘礼物，看一看是什么？沙锤。教师随机发放沙锤，请收到沙锤的学生起立，用沙锤表现音乐的强弱。

教师评价："同学们，你们对声音的感知太棒啦，恭喜你们第一关闯关成功，获得了音乐车票，让我们一起上车开启美妙的音乐之旅吧！"

【设计意图】巧探声音，层层递进，环环相扣，从听一听、学一学，探一探，辨别力度、认识记号 f 和 P，初步感受强弱力度变化，引出沙锤，为歌曲学唱歌曲做铺垫。

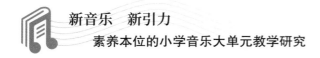

（二）第二关：聆听歌曲，感受情绪

（火车到站的声音）师："音乐火车已到站，让我们一起下车准备进入音乐小屋吧！"（板书课题）音乐小精灵说："恭喜你们通过考验，我们来按音乐的门铃吧。"

1. 聆听铃声，聆听歌曲音乐小屋的门铃声，请同学们跟随老师进行模唱。再演唱一遍，用清晰、松弛地唱一唱。

2. 模唱铃声，教师运用柯尔文手势范唱指导，学生模唱。教师引导学生加入力度唱一唱，右手食指表现强弱的位置，强时指高，弱时指低。

3. 教师总结，音乐小精灵又送我们什么礼物呢？原来是碰钟，请同学演奏碰钟，表现门铃的强弱。

4. 完整聆听，初次聆听，说一说歌曲的情绪怎么样？带给你怎样的感受？几拍子？（第二段拍拍子）再次聆听，同学们手画旋律线，感受歌曲二拍子强弱规律，并律动拍手。

5. 教师评价，第二关通关！

【设计意图】通过铃声的听唱，感受音乐的强弱，演唱出门铃清脆的声音，并用手指动作辅助演唱，引出碰钟，让学生在体验实践中自主的感受音乐强弱的变化。学生在完整聆听和观察旋律线的过程中，感受歌曲欢快轻松的情绪。

（三）第三关：掌握节奏，朗读歌词

1. 朗读歌词，揭示奖励双响筒，教师敲击，学生按节奏读歌词。

2. 附点节奏，解决难点问题，学生找难点——第三乐句附点节奏，从歌谱圈出附点节奏处，读难点乐句，准确读出附点音符节奏。

学生跟随教师按节奏念一次，念第二个"欢迎"要注意节奏准确，提示语言："音乐小屋非常欢迎我，那怎么才能突出它的热情欢迎呢？"强调"我"字。

3. 再读歌词，跟老师双响筒朗读后两句，注意结尾处的休止符。完整朗读歌词，学生打击双响筒。

4. 教师评价，学生的节奏掌握得又快又准，第三关也闯关成功！

【设计意图】双响筒辅助解决节奏问题，学生自主找到附点节奏，并用动作表现节奏的变化，突出了情景教学，生动地将音乐抽象为具体。

（四）第四关：演唱歌曲，解决难点

1.学习反复跳跃记号

请同学们再来聆听一遍，思考问题，歌曲演唱的两次哪里相同，哪里不同？歌曲的演唱顺序如何？观察曲谱，找出反复跳跃记号，知道它的使用特点和歌曲演唱的次数。

2.教师范唱。

3.学生跟琴演唱，注意门铃的强弱，演唱要轻盈，表现出休止符的空拍。

4.解决重难点，唱到第三乐句附点节奏时，"指谱歌唱"，教师钢琴伴奏，生手指着曲谱演唱旋律。加入第三乐句歌词，引导学生用肢体律动辅助演唱，第二个"欢"字，双手做一个收的动作，引导学生表现出高兴的心情。及时激励努力表现的孩子，给予鼓励。最后一句的休止符引出弱强的变化，门铃的休止符演唱要准确，用手指按门铃的高低位置来展现。

5.师生合作，接龙演唱。师生对唱，师唱门铃，生唱后面。男女对唱，第一次女生唱门铃，第二次男生唱门铃，及时评价，师生评价，生生评价。

6.完整演唱，教师提示演唱情绪，引导学生演唱要有感情，声音要轻巧，富有弹性。

7.总结，音乐小精灵奖励铃鼓，学生用铃鼓演奏，表现歌曲的轻盈活泼。

【设计意图】利用铃鼓解决歌曲演唱情绪的问题，要轻盈有弹性的演唱，接龙演唱，师生配合，评价及时，巩固演唱。

（五）第五关：师生合作，演奏乐器

1.师："通过前面的闯关，收到音乐小精灵奖励我们的打击乐器，沙锤、碰钟、双响筒、铃鼓，让我们一起来进行演奏，参加音乐小屋的音乐会。"

2.学生以小组为单位，并合作演奏打击乐器为歌曲伴奏，一三五组进行演奏，

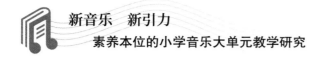

二四六加入动作，反过来一次，师生评价。注意演奏时强弱的变化，还有附点节奏。

【设计意图】小组合作，用之前学过的课堂打击乐器进行演奏，体现了大单元教学的整体性，并及时评价，体现教学评一致性。

（天津市滨海新区塘沽紫云小学　陈　楠）

第二节

◆ ─────────────────────────────────────

音乐与数学的融合：节奏与结构

近年来，教育研究领域日益关注单元教学在学科领域的应用及其实证研究。伴随着教育理念的持续更新与教学方法的创新，单元教学策略已被广泛融入不同学科教学之中，且其有效性得到一系列实证研究的验证与支持。这一趋势不仅体现了教育实践的发展需求，也标志着教育研究对教学策略深入探讨的进展。

在深入探讨大单元教学理念的基础上，数学与音乐学科的融合开创了教学实践的新路径。此种融合不仅丰富了教学内容的多样性，而且补充并完善了教学理念，为两门学科的教学提供了更为广阔的视角。通过这种跨学科的整合，学生在数学与音乐的学习过程中能够得到更为全面的发展，进而促进其综合素养的提升。这一创新性的教学策略，不仅有助于激发学生的学习兴趣，更有助于培养其批判性思维和创新能力，为学生的全面发展奠定坚实的基础。

一、音乐与数学的契合性

音乐与数学之间的联系是多维度且深刻的。在音乐中，数学的影子无处不在，从音符的长度和节拍的分割，到音程的全半之分，再到调性和和弦的构成，无不蕴含着数学的原理和规律。例如，音符的时值比例、节拍的分割方式，以及音阶的构成，都可以用数学模式来描述和分析。这些数学模式不仅为音乐的创作和演绎提供了理论基础，也为音乐的欣赏和理解提供了科学依据。

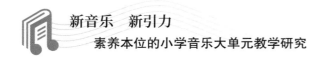
　　反过来，数学中也蕴含着音乐的元素。节奏与计算的结合，拍子和节拍的分割，音符时值的比例，都可以看作是音乐在数学中的体现。数学模式如音阶、音程比例、频率等，为音乐的创作和演绎提供了精确的计算和分析工具。和弦与声学的关系，如和弦的音程构成、频率的相对关系，也是数学在音乐中的具体应用。通过数学的视角来审视音乐，可以更深入地理解音乐的结构和本质，从而在音乐创作和演绎中达到更高的艺术境界。

　　具体而言，利用数学中的图形、比例、序列等概念和规律，教师可以有效解析和构建音乐结构、形式、节奏等要素，让学生在理解和运用数学知识的同时提高对音乐规律性和逻辑性的认识和把握。例如，可以让学生根据斐波那契数列（1，1，2，3，5，8，13……）来设计一段旋律或节奏，并用不同颜色或符号来表示不同长度或高度的音符。

　　因此，音乐与数学的融合不仅丰富了音乐的内涵，也拓展了数学的应用领域，为音乐教学和数学教学的创新发展提供了新的思路和方法。在小学音乐教学中，教师可以巧妙地引入数学元素，引导学生在音乐学习中发现数学的美，同时在数学学习中感受音乐的韵律，实现音乐与数学的双向促进和共同提升，为学生的全面发展奠定坚实基础。

 ## 基于大单元视角下节奏游戏的设计与研究

　　节奏（Rhythm）是音乐的重要元素之一，也是构成音乐的基本要素之一。在我国音乐教育领域，节奏训练一直是教学的重要内容，传统的节奏训练往往注重技能的传授和训练，对学生的兴趣、经验、能动性等方面有所忽视。通过节奏训练，不仅能够可以培养学生的音乐感知能力、创新思维和团队协作精神，还能够促进其身心健康发展。

　　学生在大单元的教学设计中，通过有趣的节奏游戏，在轻松愉快的氛围中体验音乐的魅力，从而促进学生对音乐的学习产生热情。在游戏过程中，学生可以锻炼自己的节奏感、音高感等音乐基本素质，进一步提高音乐欣赏能力和创作能力。

一、挖掘节奏游戏，激发学习兴趣

学生在大单元的教学设计中，通过有趣的节奏游戏，在轻松愉快的氛围中体验音乐的魅力，从而促进学生对音乐的学习产生热情。在游戏过程中，学生可以锻炼自己的节奏感、音高感等音乐基本素质，进一步提高音乐欣赏能力和创作能力。

（一）在模仿中感知节奏游戏

例如一年级入学的第一课，学唱歌曲《你的名字叫什么？》就是让学生按照二拍子的节奏鼓点进行自我介绍。

以四分音符为一拍进行练习，在此基础上将一个四分音符分解成两个时值相等的音符，潜移默化地渗透出对八分音符的理解，这种音乐游戏能让学生在自我介绍的过程中感受到韵律的魅力，通过节奏游戏，既有利于学生自信的表达，又能学会尊重他人，善于倾听他人，培养审美品味，拥有积极向上的人生态度。

《艺术课程标准》告诉我们，一二年级以唱游为教学手段，引导学生通过边唱边游戏，提升音乐素养。教学中可组织学生进行"找朋友"等游戏，同学们唱起了"敬个礼，握个手，你是我的好朋友"。多角度地提升学生的人文素养、社交能力和音乐素养，这样的学习方式，学生在不知不觉中掌握了四分音符和八分音符的节奏，在愉快的氛围中感受到了集体的温暖，更容易产生积极向上的情绪。

使用打击乐器也是培养节奏感的重要手段。学生们对打击乐器的学习和使用充满了兴趣，可以充分利用这一特点，让学生在教学中自由地进行节奏创作，使用打击乐器进行演奏，以提高他们的音乐感受力和表现力。举个例子，同学们在欣赏《颂祖国》这首乐曲时，用拍手的形式充分感受到鲜明的节奏后，让他们用打击乐器进行实践体验创作结尾，学生们纷纷主动投入设计创作中，在演奏过程中，自己就能分辨出自己的设计是否合理，增强了对节奏的理解和感受，在演奏过程中，层次不同的学生显现出梯度，更适应了因材施教的培养原则，避免课堂中过

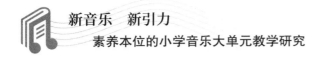
度模仿的现象，因为再成功的模仿也是模仿，再简单的创作也是创作，对音乐的体验和感悟能力的提升是不可同日而语的。再如，在《钟表店》的赏析中，让学生用三角铁、小铃、沙锤等不同的乐器，分别敲击节奏，表现了大钟、小钟、秒表在钟表店举行音乐会的欢乐场面，学生也深刻感受到音乐的元素，在体验和感悟的能力上得到了提升。

（二）在创编中体验节奏游戏

在大单元教学中笔者常会利用一些短小的节奏进行接龙游戏。说出两个字或三个字的动物、水果、蔬菜的名称，学生根据听鼓点节奏的速度拍手，按指令做接龙游戏，实践证明小学阶段的学生对此游戏兴趣盎然。此类游戏多方位地锻炼了学生的各种能力，拉近了师生间的距离，使学生们对音乐游戏更感兴趣。

大单元教学中笔者也常常利用歌曲中典型的节奏型和不同的主题进行编创歌词的游戏，通过调动、启发，最终学生们给出丰富多彩的答案，每每都会让我感到震惊、佩服、欣喜若狂。思维上和情感上的双重碰撞，使我更深刻地体会到了启迪智慧、迸发灵感的快乐。

二、使用节奏游戏，发展学习兴趣

大单元教学中采用游戏、律动、唱游等教学方式使学生在没有压力的情况下轻松愉快地进行学习，体现了"玩中学""做中学""乐中学"的教学思想。

（一）演示动作

如二拍子的教学，引导学生听闹钟的滴答声，来体会二拍子的特点是强弱反复交替出现。"你会用拍手的形式来表示强弱吗？"学生们能很快模仿拍出2/4的强弱规律。"现在老师请大家连续拍击四小节，"×× | ×× | ×× | ×× ||，实际表现中，有个别同学难免多打出一到两拍，这时我告诉他们，自己要有内心节奏，而且注意力要高度集中，再次重新尝试，主要是逐渐建立内心恒拍，这种存在内心的节奏感对于人的协调发展很重要，引导学生利用身边的自然音响或使用不同的打击乐进行练习，让学生在不断尝试中体会到成功的快乐。

三拍子特点具有舞蹈性，有起伏感。怎样让学生掌握它的节拍特点？笔者设计了用华尔兹的舞步来导入，让学生观察老师的舞步特点，学生很快发现是"三步一走"，接着让学生跳一跳，他们便会惊喜地发现"第一步大，第二、三步小"。在老师的带领下，学生体验了三拍子的强弱规律，自己总结出三拍子强弱弱的结论。

（二）联系生活

学习二分音符时，启发学生思考"我们在生活中，什么时候一字二拍？""打电话：喂——"，"喊人：喂——"，学生兴致高涨，接二连三模仿生活中的二分音符，课堂气氛顿时活跃起来。

学生在认识了二分音符、四分音符、八分音符的时值后，可以安排声势游戏，通过实践既可以帮助学生巩固记忆，又可以加强配合及合作能力。分组进行后也可以自己动手完成这些音符的时值，这样可以使学生之间的学习氛围更加生动活泼，教师可布置一些游戏。

三、深化节奏游戏，满足学习兴趣

在许多的电视综艺节目或娱乐性节目中常会邀请嘉宾玩游戏，笔者会借鉴一些有意义的节奏游戏，在课堂中邀请学生们参加，效果出彩，很受欢迎。如"你问我答"中，借用一个问题，依次请同学们进行接龙游戏，如"说起童年，你想起了什么？""说起童年，我想起了玩具，说起了玩具，我想起了伙伴……"这种游戏不仅锻炼了同学们的反应能力，也锻炼了同学们的韵律感。

我们还可以让学生分成几部分，以声势合奏或合读节奏的形式培养学生的节奏感，做了这个小游戏，你就能感悟节奏的奥妙，体验到节奏游戏带给我们的快乐。

四、节奏乐队的实施内涵

在大单元教学中，节奏游戏作为一种有趣的学习方式，可以提升学生的音乐素养和团队协作能力。通过参与集体演奏，组成节奏乐队，学生可以学习不同的节奏型，增强对节奏的感知和理解，提高音乐表现力。此外，在集体参与的游戏中，学生需要相互配合、协调与沟通，这有助于培养他们的团队协作能力和社交

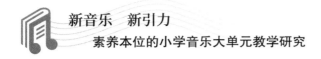

技巧，在乐队演奏活动中应注意：

（一）分练与合练，强调合练

音乐课程实践中，一般主张开始练习时，可将同种乐器分别练习，待略熟练后才进行合作。如果有可能的话，尽量让学生从一开始或者尽早地进行合奏练习，理想的是，从一开始就进行合奏，遇到难度较大，或者出现错误的地方再单另提出来进行练习，纠正之后再合起来练习。

（二）分段练习与演奏整曲

必要时可把一首乐曲分为数段来练习。乐谱上方加方框的数字，便表示乐曲的段落。如果某段某句或一小节感到特别困难，可以特别提出来多练习几次。合奏时如中途发生错误，可以停下从某句再奏，不必从头起再奏。

（三）交换节奏乐器

练习进行到一定阶段，可以让学生相互交换使用的节奏乐器，也就是说，让儿童能够获得学习多种乐器的机会，让某个学生固定使用一种节奏乐器是不好的。固定使用一种乐器，虽能演奏得更加熟练，有时能获得较好的演奏效果，但是从另一个角度看，变换演奏乐器却能使儿童获得更丰富的体验，也能引起更浓的兴趣。因此一般来说，练习一首乐曲至少要更换一两次乐器，当然，更换也不要过于频繁。

在大单元教学中，教师可以根据课程内容设计多种形式的乐队演奏，教师可以引导学生运用所学的音乐知识和技能，激发创造力和想象力。同时，教师还可以通过观察学生在游戏中的表现，了解他们的学习情况和个体差异，以便进行有针对性的指导和调整。学生在演奏中不仅可以提高音乐素养，还可以促进全面发展。教师应充分发挥集体演奏的教育价值，为学生的成长和发展创造更好的教育环境，提高学生的音乐素养和团队协作能力。

二、数学与音乐的深度融合

在当前单元教学的背景下,将音乐学科的基本知识与教学方法融入小学数学教学之中,构成了一种创新且有效的教学策略。这种跨学科的教学融合,不仅顺应了新时代教育理念的发展趋势,也为提升学生的综合素养提供了新的途径。通过音乐与数学的有机结合,能够激发学生的学习兴趣,增强其对数学概念的理解和记忆,从而在提高教学效果的同时,促进学生的全面发展。

(一)在数学教学中引入音乐元素

在音乐与数学的跨学科教学中,节奏与计算的结合为学生提供了一个直观且富有实践性的学习平台。通过节拍的精确划分以及音符时值的比例分析,学生能够亲身体验到节奏与数学计算之间的紧密关联。这种教学方法不仅增强了学生对音乐节奏的感知能力,还提升了他们的数学计算技能,使他们在音乐的韵律中领略数学的精确与美感。

教师还可进一步地引入音阶的概念及其内部音程的比例关系,引导学生深入感受音乐中的数学模式。音阶作为音乐的基本框架,其构成中的数学比例关系为音乐的和谐与美感提供了科学依据。学生在探索音阶的过程中,不仅能够理解音乐的结构,还能发现隐藏在音符背后的数学规律,从而培养他们的逻辑思维和分析能力。

此外,探索和弦与声学的联系是音乐与数学融合的又一重要维度。通过分析和弦的音程构成以及频率的相对关系,学生可以深入了解声学原理与数学之间的内在联系。这种探索不仅丰富了学生的音乐知识,还拓宽了他们的科学视野,使他们在音乐的创作与欣赏中能够从声学和数学的角度进行更深层次的思考,为全面发展提供了多元化的知识支撑。

(二)充分利用音乐方法

在小学数学教学中,数学知识的学习往往侧重于教材中的数学公式与概念理

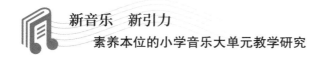
论,这些内容因其抽象性和复杂性,常被学生视为枯燥乏味,导致学生的学习热情不高。部分数学知识的难度较大,学生在学习过程中容易遇到障碍,进而产生"知难而退"的心理,甚至对数学学习产生抵触情绪,这在一定程度上影响了课堂教学效率。为了改善这一现状,数学教师可以借鉴音乐的吸引力,将其巧妙地融入数学课堂,以此激发学生的学习兴趣,缓解学习压力,并辅助学生更高效地理解数学知识。

在教授减法的简单运算时,教师可以通过将数学知识编入朗朗上口的儿歌,让学生在学习儿歌的过程中轻松记忆并快速掌握计算方法,学会灵活变通。这种教学方法不仅提高了学生的学习积极性,还有效提升了教师的教学质量,使数学课堂变得更加生动有趣,有助于学生在愉悦的氛围中掌握数学知识,培养数学思维,为学生的数学学习奠定坚实基础。

(三)有效提升教学氛围

在数学教学实践中,教师若致力于提升学生的数学学习能力,首要任务便是塑造学生积极稳定的学习心态。课堂学习时间的持续累积,往往会让学生承受一定的学习压力,进而导致学习心态的波动,出现注意力涣散等不良现象。鉴于此,教师在教学过程中应注重营造轻松愉悦的学习环境与氛围,巧妙地将教学内容划分为多个环节,循序渐进地展开教学活动。

当察觉到学生压力攀升、注意力难以集中时,教师应放慢授课节奏,巧妙地在教学环节中穿插音乐元素,引领学生一同活跃课堂气氛。例如,教师可精心挑选几首旋律欢快、节奏明快的音乐,引导学生伴随音乐节奏进行一些简单而富有活力的动作,如抖动肩膀、摇头晃脑、活动双手等。此举不仅能使学生以焕然一新的心态投入到后续学习中,还能有效放松学生的身心,缓解其因长时间学习而产生的疲劳感,从而营造出积极活跃的课堂氛围,为学生数学学习能力的提升奠定坚实基础。

音乐有着其独特的魅力,它可以让学生静心思考,创设轻松的学习环境。教师可以在课堂中播放安静的音乐，让学生能够静下心来思考，找到新思路。有些数学题应用到的数学知识比较复杂，教师可以利用音乐元素简化数学，让学生能够轻松做题。例如，学生在做数学应用题时，教师需要规范解题方法，可以创编有关解题步骤的儿歌，让学生通过唱儿歌养成正确的解题习惯。学生在做计算题时，有加减法运算、整数乘除法运算等多样的类型，这时教师就可以针对不同的类型，总结出计算要点的歌曲，帮助学生在做数学计算题时有效避免错误的运算结果，从而巩固学生的数学知识，提高学生的运算能力。

在小学音乐教学实践中，教师肩负着传授音乐知识、培养音乐技能的重要使命，这包括歌唱、演奏、舞蹈等多个方面。然而，要真正实现教学目标，关键在于激发学生的学习参与兴趣，调动他们参与课堂活动的积极性。通过创造生动有趣、富有吸引力的教学情境和活动，引导学生主动探索音乐的奥秘，积极参与音乐实践，从而切实提高小学音乐教学的效率。这样的教学不仅能够带给学生愉悦的学习体验，还能在潜移默化中培养他们对美的欣赏、理解和表现能力。在新时代的教育背景下，这种以学生为中心、注重兴趣激发与能力培养的教学模式，对于促进小学生的健康综合发展具有至关重要的意义，有助于为学生的全面发展奠定坚实基础，推动小学音乐教育向更高层次迈进。

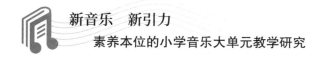

第三节

◆ ──────────────────────────────

音乐与科技的融合：创新与实践

在当今社会，数字化与信息化技术的迅猛发展为我们的生活带来了深刻的变革，互联网的便捷与高效已成为日常生活的组成部分。在初级音乐教育领域，互联网的普及和应用进一步加速了我国素质教育改革的步伐，小学音乐课堂正逐步迈向媒体化、数字化和信息化，呈现出一种开放的教学新格局。作为教育工作者，我们应当紧随教学改革的步伐，深入探索适应"互联网+"时代特征的数字化音乐教学模式。

音乐课程，作为美育的重要组成部分，在互联网科技的深刻影响下，正经历着一场蜕变与创新。众多音乐教师已经开始尝试和探索信息化的教学新模式，市场上也应运而生了多种辅助音乐教学的工具，如数字音乐教室、微课教学视频、交互式电子白板、多媒体一体化系统等，这些工具为提升小学音乐教学效果提供了有力支持。教师们应当积极寻求小学音乐教育的新模式、新方法和新思路。唯有预见趋势，才能遇见未来，顺应互联网科技的发展浪潮，我们才能扎实而有效地提升小学音乐的教学质量，为培养全面发展的学生贡献力量。

一、信息技术应用教学现状

在当前小学音乐教学领域，部分教师在教育理念层面仍固守传统观念，课堂教学内容局限于现有教材，未能充分拓展其深度与广度。尽管学生在教师的引导下完成了整个学期的音乐学习，掌握了音乐基础知识、演唱技巧以及识谱能力等，但这种相对刻板且单一的教学模式难以在小学生心中留下深刻且持久的记忆。对于课时本就有限的音乐课程而言，学生极易出现"学了前面忘后面"的现象，经过一两个月甚至半个学期的时间，他们对先前所学的乐理知识往往记忆模糊。若教师仅依据音乐教材进行授课，未能深入挖掘教材中蕴含的丰富元素，音乐课堂便会显得单薄、乏味，缺乏应有的深度与文化内涵，难以充分激发学生的主动学习热情。

此外，众多音乐教师在致力于营造轻松欢快的课堂氛围时，往往忽略了课堂互动环节的关键作用。无论是学生与学生之间的互动交流，还是学生与教师之间的有效沟通，都对教学效果具有不可小觑的影响力。良好的课堂互动能够促进知识的深入理解与内化，增强学生的参与感和体验感，从而提升音乐教学的整体质量。因此，教师亟需转变教学理念，拓展教学内容，重视课堂互动，以全方位优化小学音乐教学效果。

二、信息技术与音乐融合优势

音乐学科与科技学科的融合呈现出多维度、多层次的复杂态势。从教学内容层面而言，科技的飞速发展为音乐教学注入了全新的素材与理念。例如，电子音乐的兴起使得音乐创作不再局限于传统的乐器演奏，计算机音乐软件的广泛应用拓展了音乐创作的表现形式与风格，从简单的旋律编排到复杂的音效合成，科技为音乐创作提供了无限可能。在教学方法上，多媒体技术的融入改变了传统的音乐教学模式。教师借助视频、音频、动画等多媒体资源，能够生动形象地展示音乐作品的创作背景、演奏过程以及音乐风格的演变，使学生更加直观地感受音乐的魅力，增强学习兴趣与理解能力。此外，网络技术的发展也为音乐教学带来了便捷性与开放性。在线音乐课程、虚拟音乐社区等平台打破了时间和空间的限制，学生可以随时随地获取丰富的音乐学习资源，与世界各地的音乐爱好者交流互动，拓宽音乐视野。

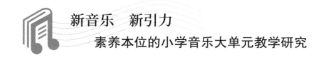

从学科研究角度来看，音乐学科与科技学科的融合催生了诸多跨学科的研究领域。音乐声学研究借助先进的科技设备，深入探究音乐声音的物理特性，为乐器制作、音乐厅声学设计等提供了科学依据。音乐信息检索技术的兴起则致力于解决海量音乐数据的存储、检索与分析问题，推动了音乐数字化产业的发展。同时，科技手段也为音乐教育研究提供了新的方法与工具，如通过眼动追踪技术研究学生在音乐学习过程中的视觉注意力分配，借助脑电图技术探索音乐对大脑认知活动的影响，为优化音乐教学策略提供了科学支撑。这种多方面、多层次的融合不仅丰富了音乐学科的内涵与外延，也为科技在人文领域的应用拓展了新的空间，展现出学科交叉融合的强大生命力与发展潜力。

（一）学生学习效率提高

互联网的普及和飞速发展，使得人与人之间的交流摆脱了地区和时间的限制，就小学音乐教育教学而言，互联网使得网课、微课这种网络教学模式成为可能除了在学校时上音乐课之外，学生还可以通过教师提前制作好的微课视频在线试听、观看、学习，推动了小学生自主学习和居家学习的可能性，这种提前录制好的网络视频教程能够运用到课前预热、课后巩固、跟唱练习、乐理知识复习上，大大提高了线下音乐课堂的教学效率，教师有了更充足的课堂教学时间，将这些宝贵的时间用来发展小学生的音乐综合素养和能力上。

（二）充分调用多种教学设备

随着互联网和科技力量的崛起，许多前沿技术被广泛运用到了人类生活的各个层面，提供了许多便利服务。在近些年的教学市场上可以看到许多数字化的教学辅助设备横空出世，逐渐走入小学音乐课堂，成为教师眼中的好帮手，像是数字化音乐教室、多媒体教学设备、电子白板、网课、微课等各式各样的辅助手段层出不穷，在实践过程中获得了学生们的欢迎和喜爱。一方面，这些先进的教学设备能够极大丰富音乐课堂内容，给学生们带来多姿多彩的学习体验，其次，互联网上有着海量的音乐教学资源和素材，以及优秀教师们所精心打造的教案、课件，让教师省去了不少备课时间，可以将建立花在课堂教学内容和活动的安排上。

（三）拓展交互式教学模式

当代小学生的思维更加活跃，更敢于表达自己的心声和想法，音乐教育应当顺应儿童心理发展特点，鼓励小学生参与到课堂中来，这也是现代教学理念中所提倡的生木课堂，让孩子们成为音乐课堂的核心角色，在"互联网+"的时代背景下，小学音乐课堂的互动环节变得更加灵活、多变、有趣、开放，比起过去简单的一问一答，或教师范唱、学生跟唱的教学方式来说，便捷的互联网服务和教学工具使得音乐课堂互动模式具有更多的选择性，像是电子白板能够取代黑板板书以动静结合的投屏、板书有效拉近了教师与学生之间的距离感，数字化音乐教室和一体化多媒体系统可以拓展小学音乐课堂的丰富性和实践性、多元性，利用视听媒体的辅助扎实提高学生们的识谱、歌唱、乐器演奏、表演等多方面素养。

三、音乐与信息技术融合教学策略

（一）借助信息技术提升预习效果

近年来，随着互联网科技的迅猛发展，众多小学音乐教师积极投身于探索其与音乐教学深度融合的有效路径。网课、微课等新兴教学模式应运而生，凭借其独特优势成为有力的教学辅助手段。这些精心制作的微课教学视频，时长通常控制在五到十分钟，以碎片化学习的形式契合学生的课余时间安排。学生可充分利用休息时间，在家中随时随地通过网络平台下载并观看这些短小精悍的预习视频，既不会对学生造成额外的学习负担，又能高效完成预习任务。

教师在制作微课预习内容时，巧妙地融入趣味元素与启发式提问，使预习视频兼具趣味性与启发性。学生在观看过程中，不仅能被生动有趣的内容所吸引，更能被精心设计的提问激发好奇心，从而主动探索音乐知识的奥秘。这种融合互联网科技的教学模式，打破了传统教学的时空限制，拓展了音乐教学的边界，为学生营造了自主、灵活的学习环境，有助于培养学生的自主学习能力与创新思维，

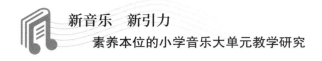

推动小学音乐教学向现代化、智能化方向迈进，为音乐教育的创新发展注入了新的活力与动力。

（二）运用媒体设备完善教学结构

在信息时代背景下，小学音乐教学模式正朝着丰富多元、互动性强、高效便捷的方向转型升级，这一变革为教师提供了广阔的发挥空间，使其能够深入拓展与完善音乐课堂的教学深度与广度。传统音乐课堂教学主要围绕教材展开，教学资源相对单一，教学方法较为固定。然而，随着各式各样的电子化媒体设备的广泛应用，小学音乐课堂的教学格局得以重塑，拥有了更广阔的发展前景与可能性。

教师可借助网络平台与教学资源站点，精心构建一套合理可行、系统全面的教学资源体系。该体系紧密围绕音乐课本内容，将音频、视频、图片、动画等多方面的教学素材有机整合其中。在后续的教学设计环节，教师能够借助这一资源体系，迅速而精准地筛选与组合教学素材，高效地设计出丰富多彩的课堂教学活动、趣味盎然的音乐游戏以及生动逼真的教学情境。例如，通过引入经典音乐作品的视频片段，引导学生直观感受音乐的魅力；利用互动式音乐游戏，激发学生的学习兴趣与参与热情；创设与教学内容相关的趣味情境，帮助学生更好地理解音乐内涵与情感表达。

在信息时代的大环境下，教师凭借这一多元化的教学模式与丰富的教学资源，能够引领小学生深入探寻音乐学科的独特魅力，挖掘音乐的内在价值。从音乐的历史渊源到不同流派的风格特点，从音乐创作的灵感来源到演奏技巧的精湛呈现，全方位、多角度地为学生展现音乐世界的绚丽多彩。这不仅有助于学生提升音乐素养，培养审美情趣，更能激发他们对音乐的热爱与追求，为其终身学习音乐奠定坚实基础，推动小学音乐教育在信息时代的高质量发展。

（三）促进多维融合提高教学水平

音乐教育工作者应以发展小学音乐核心素养为教学方针，创建开放、交互、自由、愉快的音乐学习氛围，以点拨、启发式的课堂教学方法启迪学生心智，引导学生们通过自己的思考和实践去学习，鼓励学生积极与教师展开互动和交流，在这种一来一回的交互活动中提升他们的音乐乐理水平和综合素养。教师可以充分利用电子琴、音乐游戏来跟班级学生尽情互动，让学生们在游戏中成长，通过互动游戏的形式培养小学生的节奏感、乐感和听觉。

音乐与多媒体的媒介融合。利用多媒体技术（如投影仪、电脑、音箱等）来展示或制作音乐教学的图像、声音、动画等，让学生在观看和听取音乐教学的同时，增加音乐教学的直观性和生动性，提高音乐教学的吸引力和感染力。例如，学生在学习一首歌曲时，用多媒体技术来展示歌曲的背景、作者、演唱者风格等信息，并配以相关的图片、视频、音效等，增强学生对歌曲的理解和印象。

音乐与网络的媒介融合。利用网络技术（如互联网、局域网、无线网等），来获取或分享音乐教学的资料、经验、成果等，让学生在浏览和搜索音乐教学的同时，拓宽音乐教学的资源和视野，提高音乐教学的交流和合作。例如，学生在学习一种乐器时，用网络技术来查找相关的教程、视频、论坛等，并与其他学生或老师进行在线的咨询、交流、互评等。

音乐与软件的媒介融合。利用软件技术（如音乐编辑软件、音乐创作软件音乐游戏软件等）辅助或创新音乐教学的过程和方法，让学生在操作和使用音乐教学的同时，提升音乐教学的灵活性和创造性，增强音乐教学的实践性和趣味性。例如，学生在创作一首歌曲时，用音乐创作软件来选择或录制不同的声音素材，并进行编辑、混合、处理等，形成自己独特的歌曲风格和表达方式。

近些年，教育界和家长对于学生的美育教育越加重视，不再将其视为次要的副课，小学音乐的教学质量更加受到关注。教师作为指导员和领航员应当带动学生去学、去听、去记、去唱，借助各式各样的信息化教学设备和互联网教学资源，拓展小学音乐课程的深度和广度，激活小学年龄段儿童的自主性。拓和延伸音乐教材内容，让学生们了解更深入、更多元的音乐发展史、音乐大师作品、中外经典音乐作品等，使得音乐课堂更具有文化内涵和人文气息。

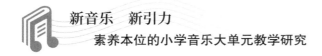

第四节

音乐与英语的融合：语法与发音

音乐作为人类文化的重要组成部分，拥有着源远流长的历史，其起源甚至早于语言的形成。自人类文明的曙光初现，最早的音乐形式便伴随着人类的生产生活而诞生。无论是聆听音乐还是学习英语，本质上都是对声音这一艺术形式的感知与捕捉。英语语感与音乐节奏之间存在着千丝万缕的内在联系，二者在韵律、节奏、音调等方面相互呼应、相互影响。在对众多英语学习者的长期观察与研究中发现，那些英语口语表达流畅、语感良好的学习者，往往对音乐有着浓厚的兴趣与爱好，他们在音乐的熏陶下，能够更好地把握语言的节奏与韵律，从而提升语言表达的自然度与流畅性。

然而，在当前的小学英语教学实践中，如何将音乐与英语教学进行有机而有效的结合，仍是一个值得深入探讨与实践的重要课题。一方面，教师可以巧妙地将音乐元素融入英语教学的各个环节。例如，在课堂导入环节，播放一些节奏明快、旋律优美的英文歌曲，激发学生的学习兴趣，营造轻松愉悦的学习氛围，使学生在潜移默化中感受英语的韵律之美；在词汇教学中，利用音乐的节奏来帮助学生记忆单词的发音与拼写，通过编创简单的英文歌谣，将单词融入歌词之中，让学生在歌唱的过程中加深对单词的印象；在口语训练环节，引导学生模仿歌曲中的发音与语调，进行英语口语的模仿练习，提高学生的语音语调准确度与自然度。

另一方面，教师还可以组织多样化的音乐与英语融合的教学活动。如举办英文歌曲演唱比赛，鼓励学生积极参与，不仅能够锻炼学生的英语口语表达能力，还能培养学生的团队合作精神与自信心；开展音乐剧表演活动，让学生在扮演角色、演绎剧情的过程中，深入理解英语语境，提升语言综合运用能力。通过这些丰富多彩的教学活动，实现音乐与英语教学的深度融合，让学生在音乐的陪伴下，可以更加轻松、愉快地学习英语，从而有效提升小学英语教学的质量与效果，为英语学习奠定坚实而良好的基础。

一、音乐与英语课堂融合教学的必要性

随着全球化进程的不断深入，英语在国际交流中的重要性日益凸显。小学阶段被视为英语学习的关键时期，在此阶段将英语教学与其他学科相结合，能够显著提升学习成效。特别是音乐，作为一种蕴含深厚情感与节奏感的艺术，其在教学中的应用能够有效激发学生的学习热情，增强其学习动力。通过音乐与英语教学的融合，不仅丰富了教学内容，还创造了一个更加生动和互动的学习环境，从而促进学生在学习上的全面发展。

（一）小学音乐与英语课堂教学融合现状

目前，许多小学英语教师在课堂教学中已经注意到音乐的重要性，开始尝试将音乐与英语教学相结合。在实际应用中，音乐主要以歌曲、游戏、舞蹈等形式出现，为学生创造了生动活泼的学习氛围。

尽管音乐在小学英语教学中的应用已取得一定进展，然而在实际操作中仍面临若干挑战。首先，音乐与英语教学内容的融合度不足，未能实现有效对接，致使学生在学习过程中难以达到预期的效果。其次，音乐教学资源的稀缺成为教师面临的一大难题，适合的教学素材难以获取，限制了音乐在英语教学中的潜力发挥。最后，音乐教学方法过于单一，缺乏针对性和多样性，难以满足学生个体差异化的学习需求。这些问题表明，要充分发挥音乐在英语教学中的辅助作用，亟需对现有教学模式进行深入反思和系统优化，以实现教学内容、资源和方法的多维度

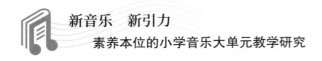

整合，从而提升教学质量，促进学生的全面发展。

（二）小学音乐与英语教学融合的积极作用

在教育实践中，激发学生的学习兴趣是提升教学效果的关键环节之一。音乐以其独特的感染力，能够迅速吸引学生的注意力，有效激发他们对学习的热情。在英语教学领域，将音乐元素巧妙融入教学过程，可为学生营造一个轻松愉悦的学习氛围，使他们在潜移默化中提高学习积极性。例如，教师可选取旋律优美、节奏明快的英文歌曲作为教学素材，引导学生在歌唱中感受英语的魅力，从而增强其对英语学习的兴趣与动力。

此外，音乐的节奏感和韵律感在增强学生记忆力方面发挥着重要作用。英语单词和句子的学习往往需要反复记忆与巩固，而音乐的韵律能够为这一过程提供有力支持。通过演唱英语歌曲，学生在愉悦的氛围中将单词和句子与旋律相结合，不仅能够加深对知识的印象，还能在反复哼唱中巩固所学内容，有效提高记忆力。这种借助音乐进行记忆的方式，相较于传统的死记硬背，更具趣味性与实效性，有助于学生长期稳定地掌握英语知识。如，歌曲《哆来咪》《雪绒花》*Twinkle Twinkle Little Star We Are the World*。

更为重要的是，音乐作为一种跨越国界的世界性语言，承载着丰富的文化内涵。在音乐教学中引入英语歌曲，为学生打开了一扇了解不同国家文化特点的窗口。学生在学习歌曲的过程中，能够直观地感受到外国的风土人情、价值观念与艺术风格，从而逐步培养起跨文化意识。在全球化进程不断加速的今天，具备跨文化意识的学生能够更好地适应国际交流的多元环境，为未来参与国际竞争与合作奠定坚实的文化基础。因此，将音乐与英语教学相结合，不仅能够提升学生的学习兴趣与记忆力，更能拓展其文化视野，培养跨文化交际能力，具有重要的教育价值与现实意义。

二、音乐与英语融合教学策略

在小学课程教学阶段，激发学生的学习兴趣至关重要，这是他们学习旅程的起点。小学生的学习基本上都是感性的，面对感兴趣的东西，他们就有求知的欲望，对于没有兴趣的东西就不会有求知的欲望。因此，在课堂教学上，教师可以采取形式多变的教学方式，让学生始终处于兴奋活跃的状态。英语歌曲在英语教学中就起到了不可估量的调动学生兴趣的作用，例如，人教版小学英语教材，如 *ABC song* 和 *happy birthday to you*！这些都是每个小学生朗朗上口的歌曲，所以在每堂课前为了营造学生的气氛，唱一首这样的歌曲，能充分地调动起学生的学习情绪和积极性，养成良好的英语学习习惯。

教师应致力于营造一个让学生乐于学习、主动学习和渴望学习的环境，避免学生陷入机械学习和兴趣丧失的困境。每位英语教师都应投入心力，将音乐元素融入英语课堂，通过歌声传递语言知识，以此提升学生的学习热情。教师可以巧妙利用学生童年时期熟悉的幼儿歌曲旋律，甚至流行歌曲的曲调，只要这些能够吸引学生的兴趣，都是值得尝试和采纳的教学资源。通过这样的方式，英语学习将变得更加生动有趣，从而有效提高教学效果。

歌词是诗的语言，我国古代就把诗和歌连在一起，古代诗歌讲究的是韵律。对于英语来说，讲究的主要是语感，特别是正确的语音、语调、语速。这些对于小学生来说都是一件困难的事情。但是，我们可以通过唱歌来训练学生的舌头灵活性。因为英语中的语调、连续、失去爆破等语音现象都可以借助熟悉的旋律来克服，并需要省音、连续等语音知识。在唱的时候，有些单词是重音，有些弱音则基本不唱出来。通过这些歌曲练唱，学生在日后的学习中如果遇到类似的问题，就能知道歌曲中有重音、弱音、省音，在读句子、读文章时也可以理解重音、弱音、省音等现象。

此外，定期聆听英文歌曲是培养学生英语语感的有效途径。在所有语言学习中，语感均占据核心地位。例如，当我们接触中文句子时，我们本能地关注其流畅性而非结构或成分，这种直观感受能力几乎适用于所有中文句型。然而，我们的英语教材往往过早地强调语法教学，虽有助于学生清晰理解句子结构和含义，但

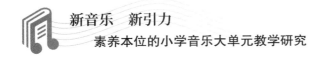

忽视了语感的培养。实际上，通过英文歌曲的熏陶，学生能够在自然语境中感知语言的节奏和韵律，从而潜移默化地提升英语语感。这种语感的培养不仅有助于学生更地道地使用英语，还能增强他们对语言的整体把握能力，使英语学习变得更加生动和直观。

但它的缺点也显而易见——过早地接触大量的语法知识使学生们把学习英语的中心转移到了语法知识点而非英语本身上，当学生们发现只把语法知识学好便可以在考试中取得好的成绩的时候，便不再去注意英文能力的培养，尤其是英语语感的培养。为了考试而考试，这样一来考试失去了意义。

在单元教学设计中，利用音乐辅助学生记忆是提高学习效率的关键策略。人教版小学英语教材中的英语歌曲大多归纳了单元的重难点，有效地促进了学生的记忆。因此，将每单元的教学重点与广为人知的旋律相结合，不仅能缩短学生记忆所需的时间，还能增强记忆的持久性，从而优化学习效果。

在大单元教学的理念与模式背景下，有机融合音乐教学与其他学科的基础知识、教学技巧及授课逻辑，不仅是对艺术新课标精神的贯彻，更是对学生全面发展的一次有力助推。学生不仅夯实了音乐基础，更在跨学科的学习中拓宽了视野，提升了综合实践能力。融合教育在提升学生核心素养方面展现出强大的助推力。通过音乐教学与其他学科知识的有机整合，学生不仅在音乐技能与知识上获得了全面提升，更在跨学科学习中拓宽了认知视野，锤炼了批判性分析与问题解决的综合能力。

大单元教学模式的采用使学生在音乐的理解上达到了新的深度，同时在审美情感与文化认同方面也取得了显著进步。这种综合性的学习体验不仅增进了学生对艺术的热爱与感悟，更为其未来的学习与生活奠定了坚实的基石。展望未来，融合教育的更多可能性亟待深入探索与实践。音乐教师需要不断创新教学模式，为小学音乐教育注入新的活力与内涵。

第五章

小学音乐学科教学评价的变革与创新之路

　　音乐，作为一种独具魅力的艺术形式，在小学生的综合素质培养体系中占据着举足轻重的地位。小学音乐教育是培养学生综合素质的重要组成部分，对于提高学生的审美能力、表现能力和创造能力具有重要作用。它不仅丰富了学生的审美体验，还能在潜移默化中提高学生的创造力、想象力与情感表达力，对学生的全面发展具有深远积极的影响。鉴于此，构建一个科学合理、全面系统的音乐评价方案显得尤为关键且迫切。

　　当前，随着新课程改革的不断深入，小学音乐教育也面临着新的挑战和机遇，需要不断完善评价体系，以适应教育发展的需要。在应试教育的背景下，学校的音乐课程往往被忽视，音乐教学评价与新课标的要求也相差甚远。而大单元教学能够有效应对传统评价体系中存在的诸多不足，如评价机制不完善、评价方法刻板单一以及评价结果缺乏准确性等问题。

　　一个精心设计的音乐评价方案，其核心价值远不止于单纯地评价学生的音乐表现。它应涵盖学生在音乐学习过程中的多个维度，包括音乐知识的掌握程度、音乐技能的运用水平、音乐鉴赏能力的提升情况以及参与音乐活动的积极性等。通过对这些方面的综合评价，教师能够全面、客观地了解学生在音乐领域的成长轨迹与现存问题，从而为学生提供更具针对性、个性化的指导与帮助。

更为重要的是，科学合理的音乐评价方案能够有效激发学生的学习动力，引导他们主动探索音乐的奥秘，积极参与音乐实践活动。音乐评价方案应具备一定的灵活性与开放性，能够根据学生的个体差异和教学目标的调整而进行相应的优化与完善。只有这样，才能确保音乐评价方案始终保持其科学性与有效性，真正发挥出推动小学生综合素质提升的重要作用，为学生的终身发展奠定坚实良好的艺术基础。

在评价过程中，教师应注重采用多元化的评价方式，如课堂表现评价、小组合作评价、作品展示评价等，让学生在不同的情境中体验成功的喜悦，增强自信心与成就感。同时，评价结果应及时反馈给学生，帮助他们明确自身的优点与不足，鼓励学生在后续的学习中不断改进与提升，进而促进其艺术修养的全面发展。

此外，音乐课堂教学的核心目标在于培育学生全面的音乐素养。评估学生的音乐素养不仅涵盖知识与技能的掌握，更应关注音乐情感、审美鉴赏力及创造力的发展。因此，构建一个全面且科学的音乐素养评估体系，已成为音乐教育领域亟待探讨的关键议题，这对于促进学生的全面发展具有重要意义。

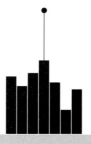

第一节

评价视角：过程与结果的平衡

在小学音乐评价中，教师需要运用多样化的评价方法，全方位掌握学生的音乐表现和素养，为实施个性化教学提供依据。评价不仅着眼于学生的技能熟练度，更重视音乐情感和创造力的培养。

依据教学目标，设定全面的评价目标，引导学生通过聆听音乐，对音乐的情感、情绪以及基本要素和简单体裁形式作出恰当的反应。学生应能以自然的声音演唱歌曲，并能在音乐伴奏下进行声势、律动等表演，与音乐节奏基本相符。这样的评价方式有助于全面促进学生音乐素养的提升。

一、音乐学科素养评价视角

在构建音乐评价体系时，评价内容应全面涵盖学生的音乐理论知识、音乐技能以及音乐表现这三个关键维度，以确保对学生音乐素养的综合评估。

（一）音乐理论知识

音乐理论知识的评价是基础环节。该部分着重考查学生对音乐符号、音调、节奏等基础理论要素的掌握程度。鉴于学生处于不同的年龄段和学习阶段，其认知水平与学习能力存在差异，因此评价标准应具有层次性与针对性。例如，对于低年级学生，重点评价其对基本音乐符号的识别与简单节奏的把握；而对于高年级学生，则可适当提高要求，评价其对复杂音调的理解与运用能力，以及对不同音

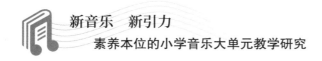

乐风格节奏特点的分析能力。通过分层评价，能够精准地反映学生在音乐理论知识方面的学习进度与掌握水平，为后续教学提供明确的方向。

（二）音乐运用技能

音乐技能的评价关注学生在唱歌、演奏乐器、合奏等实践操作层面的能力展现。由于音乐技能的难度与要求各异，评价标准应据此设置不同的层次与等级。以唱歌为例，可从音准、节奏、音色、情感表达等方面进行细致评价；在乐器演奏方面，依据乐器种类与演奏技巧的复杂程度，分别设定相应的评价指标，如钢琴演奏可考查指法的熟练度、踏板的运用技巧以及乐曲的整体表现力；合奏评价则侧重于团队协作、声部平衡与整体协调性。通过多层次、多维度的评价体系，全面衡量学生的音乐技能水平，激励学生不断提升自身技能，追求卓越表现。

（三）音乐综合表现

音乐表现的评价聚焦于学生在音乐创作、表演和欣赏等综合能力方面的呈现。评价标准涵盖音乐表达力、艺术感知能力以及创造力等多个关键要素。在音乐创作评价中，鼓励学生发挥想象力与创造力，从旋律构思、和声配置到歌词创作等方面进行创新，评价其作品的原创性与艺术价值；表演评价则注重学生在舞台上的表现力，包括肢体语言、表情管理以及与观众的互动等，考查其能否准确传达音乐作品的情感内涵；欣赏评价旨在培养学生的艺术鉴赏能力，引导学生深入分析音乐作品的风格特点、创作背景与艺术价值，评价其对不同音乐作品的理解深度与审美水平。通过全方位的音乐表现评价，促进学生在音乐艺术领域的综合素养提升，为未来音乐学习与艺术发展奠定坚实基础。

第二节

评价方法：多维度评估与反馈

在确立了明确且多元的评价目标与切入点之后，教师掌握与新课标相契合的单元教学评价方法显得尤为关键。具体而言，评价方法的构建可从确立评价目的、界定评价范围、扩展评价维度等方面着手，旨在全面完善小学音乐教学评价体系，确保评价活动能够有效反映学生的音乐素养和教学成效，进而推动小学音乐教育的持续发展。

一、确立评价目的与标准

在音乐教育领域，科学合理的评价机制发挥着至关重要的作用。通过系统的评价，教师能够全面、深入地了解学生的音乐学习情况，精准地洞察学生在音乐学习过程中的优势与不足。这一过程不仅有助于教师为每个学生量身定制个性化的学习计划和发展路径，提供针对性强的支持与指导，还能充分挖掘学生的音乐潜能，促进学生在音乐素养与艺术修养方面的全面提升，为学生的个性化发展奠定坚实基础，使其在音乐学习的道路上能够扬长避短，不断进步与成长。

此外，评价机制对于教师教学水平的提升同样具有显著的推动作用。它为教师提供了丰富而具体、有针对性的教学反馈信息，使教师能够清晰地认识到自身教学过程中的亮点与不足。借助这些反馈，教师可以深入反思教学方法与手段的有效性，及时调整教学策略，不断探索创新教学模式，从而优化教学过程，提高教

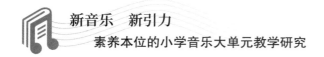

学效率与质量。例如，教师可根据评价结果发现某一教学环节学生掌握不够理想，进而针对性地改进教学方法，采用更加直观、生动的教学手段，如增加实践操作、引入多媒体资源等，以更好地满足学生的学习需求，提升教学效果。

从学校层面来看，完善的音乐评价体系是推动学校音乐教育改革与发展的重要动力。它促使学校关注音乐教育的整体水平与质量，引导学校在课程设置、教学资源配置、师资队伍建设等方面进行科学规划与合理调整。学校可以依据评价结果，发现音乐教育中存在的普遍性问题，如教学内容与学生需求脱节、教学方法创新不足等，进而有针对性地开展教学改革，引入先进的教学理念与方法，加强师资培训与专业发展，优化课程结构与教学内容，营造良好的音乐教育氛围。通过一系列改革举措，学校音乐教育的整体水平与质量将得到显著提升，为学生提供更加优质、多元的音乐学习环境，促进学校音乐教育事业的持续健康发展，为培养具有较高音乐素养与综合能力的学生群体作出积极贡献。

二、明确评价范围与对象

在构建小学音乐教育评价体系时，评价范围应全面覆盖小学音乐学科的各个层面，以确保评价的系统性与完整性。具体而言，评价范围囊括课堂教学、课外活动以及学生表现等多个关键维度。课堂教学作为音乐教育的核心环节，其评价重点在于教学目标的达成度、教学内容的科学性与适切性、教学方法的创新性与有效性以及课堂氛围的活跃度等方面。课外活动评价则关注学生参与音乐社团、音乐会、音乐比赛等各类活动中展现的积极性、主动性及表现与收获，旨在评估学校音乐教育在拓宽学生音乐视野、培养音乐兴趣与特长方面的成效。学生表现评价则聚焦于学生在音乐知识掌握、音乐技能运用、音乐审美能力提升以及音乐创作与表演等方面的综合表现，通过多元化的评价方式，全面了解学生音乐素养的发展状况。

评价对象的设定应具有广泛性与全面性，涵盖全体学生、音乐教师以及学校音乐教育管理部门。对于全体学生而言，评价旨在为其提供个性化的学习反馈，助力学生明确自身在音乐学习中的优势与不足，激发学习动力，引导其在音乐领域不断探索与进步。音乐教师作为音乐教育的实施者，其评价重点在于教学能力、专业素养、教学态度以及教学创新等方面，通过评价促进教师专业成长，提升教学水平，为学生提供更优质的音乐教学服务。学校音乐教育管理部门的评价则侧重于其在音乐教育规划、课程设置、师资队伍建设、教学资源保障以及教育质量监控等方面的管理效能，通过评价推动学校音乐教育管理体系的优化与完善，确保学校音乐教育工作的高效、有序开展。通过全方位、多层次的评价对象设定，形成一个涵盖音乐教育全过程、全要素的评价网络，为提升小学音乐教育质量、促进学生音乐素养全面发展提供有力支撑。

学生音乐素养评估的方法应该从多个角度进行考察。首先，要注重对学生音乐知识和技能的掌握程度进行评估。音乐学科作为一门艺术学科，具有独特的知识体系和技能要求。学生需要掌握基本的乐理知识，了解音乐的构成要素以及基本的音乐符号、记谱法等。此外学生还需要具备演奏乐器的基本技能，如唱歌、弹奏乐器等。因此，在评估学生音乐素养时，可以通过考查学生的乐理知识、乐器演奏技能等方面来进行评估。之后，学生音乐素养的评估还需要关注学生的音乐情感和审美能力的培养。音乐是一门艺术，其最大的魅力在于能够触动人的情感，激发人的审美情趣。因此，评估学生的音乐素养不能仅仅停留在知识和技能层面上，更需要考查学生对音乐作品的理解和情感体验能力。通过观察学生对音乐作品的感受和表达，评估他们对音乐的情感体验能力以及对音乐作品的审美理解能力。除了知识、技能和情感等方面的评估，评估学生音乐素养还需要注重学生的创造力的培养。音乐创造是音乐教育的一个重要目标，而学生的创造力的培养则是实现这一目标的关键。创造力是一种灵活性、独创性和想象力的体现，通过培养学生的创造力，可以激发他们对音乐的兴趣和热爱，同时也可以培养他们的创新思维和表达能力。因此，在评估学生音乐素养时，应该注重考查学生的创造力

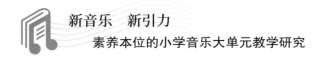
和表达能力，通过观察学生在创作音乐作品、演绎音乐作品等方面的表现，评估他们的创造力的发展程度。

三、拓展多元评价维度

（一）音乐基本知识与技能

在音乐教育的体系构建中，学生应全面掌握基础乐理知识，涵盖音乐符号、节奏、音阶等关键要素，为深入音乐学习奠定坚实理论基石。歌唱技能的培养亦至关重要，学生需熟练运用正确的发声方法，精准把握音准与节奏，以实现高质量的歌唱表现，充分展现音乐的韵律之美。

乐器演奏能力的培育同样不容忽视，学生应具备演奏常见乐器如钢琴、小提琴、口风琴的基本技能。通过演奏乐器，学生能够深化对音乐理论的理解，增强音乐实践能力，提升音乐表现力与创造力。

此外，音乐鉴赏能力的培养对于学生音乐素养的提升具有深远意义。学生能欣赏涵盖不同风格、体裁的音乐作品，从古典到现代，从民族到世界，广泛涉猎各类音乐流派。在欣赏过程中，学生应学会运用所学乐理知识与审美标准，对音乐作品进行深入分析，洞察作品的内涵、情感与艺术价值，从而培养敏锐的音乐感知力与深刻的审美鉴赏力，全面提升音乐综合素养，为终身音乐学习与艺术享受奠定坚实基础。

（二）音乐表现与创造力

在音乐教育的多元目标中，学生的音乐表现能力占据着核心地位。学生应具备自信展现自身音乐感受的能力，通过演唱、演奏或肢体语言等多种形式，将内心对音乐的理解与情感体验充分表达出来。良好的音乐表现力不仅体现在技巧的娴熟运用上，更在于情感的真挚传达，使观众能够与表演者产生情感共鸣，从而深刻感受到音乐的魅力与力量。

创编能力的培养是激发学生音乐创造力的关键途径。学生应基于所学音乐知识与技能，进行简单的歌曲、旋律或节奏创编活动。在创编过程中，学生要发挥想象力与创造力，将个人独特的音乐构思转化为具体的作品，展现其对音乐元素的灵活运用与创新组合能力。这一过程不仅有助于学生深化对音乐理论与实践的理解，还能培养其独立思考与解决问题的能力，为未来音乐创作奠定坚实基础。

即兴表演能力则是学生音乐素养的综合体现。具备即兴表演能力的学生，能够在特定情境下迅速做出反应，进行即兴创作与表演。这种能力要求学生对音乐知识、技能与表现手法有高度的熟练度与灵活性，能够在瞬间根据情境需求，调动自身的音乐储备，创造出符合情境氛围与情感表达的音乐作品。即兴表演不仅能够锻炼学生的应变能力与创造力，还能增强其舞台表现力与自信心，使其在音乐学习与实践中更加游刃有余，充分展现音乐学习的综合成果与个人艺术风采。

（三）音乐个性情感与态度

在音乐教育的深入探索中，情感体验是学生与音乐作品建立深刻联系的关键桥梁。学生应具备深入挖掘音乐作品情感内涵的能力，通过聆听旋律、感受节奏与和声的变化，与作品中所蕴含的情感产生强烈共鸣，从而实现情感的升华与心灵的触动。这种情感体验不仅丰富了学生的内心世界，还培养了其敏锐的情感感知力与细腻的情感表达力，让学生在音乐氛围的熏陶下形成积极向上、健康丰富的情感品质。

音乐态度的塑造对于学生音乐素养的全面发展具有重要意义。在多元文化的背景下，学生应树立尊重多元音乐文化的观念，以开放、包容的心态接纳不同地域、不同民族、不同风格的音乐作品。这种包容性的音乐态度能拓宽学生的音乐视野，使其在跨文化的音乐交流中汲取丰富的养分，增强对音乐多样性的理解与欣赏能力，为培养具有国际视野与跨文化交际能力的音乐人才奠定基础。

音乐兴趣的培养是激发学生持续参与音乐学习的内在动力。学生对音乐应始终保持浓厚的兴趣，这种兴趣驱使他们主动投身于各类音乐活动，如观赏音乐会、参与音乐社团、音乐创作与表演等。在参与的过程中，学生能不断提升自身的音

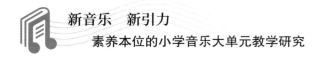

乐技能与素养，在音乐的陪伴下享受学习的乐趣，形成良好的学习习惯与积极的学习态度。浓厚的音乐兴趣如同一颗种子，在学生心中生根发芽，伴随其成长历程，绽放出绚丽多彩的音乐之花，为学生的终身学习与个人发展注入持久活力。

（四）音乐实践与团队合作

在音乐教育的实践环节中，学生的积极参与是实现教学目标的重要途径。学生应主动投身于各类音乐实践活动，涵盖音乐会、比赛、音乐工作坊等多种形式。通过参与音乐会，学生能够近距离领略专业音乐表演的魅力，拓宽视野；在比赛中，学生则有机会展示自我，锻炼心理素质与应变能力，同时也能从竞争中汲取经验，激发学习动力，不断提升自身的音乐水平与综合素养。

团队协作能力的培养在集体音乐活动中尤为关键。在合唱、合奏等集体音乐项目中，学生需与同伴密切协作配合，明确各自的角色与职责，通过精准的节奏把握、音准控制以及情感表达的协同，共同完成音乐任务。这一过程不仅能够锻炼学生的团队意识与合作精神，还能使其在协作中学会倾听、理解与包容，培养良好的人际关系与社交能力，为未来融入社会集体生活奠定基础。

有效的沟通交流是音乐活动中的重要润滑剂。在音乐学习、排练与表演过程中，学生应能够与同伴、教师以及观众进行顺畅的沟通交流。通过分享音乐感受、交流学习心得、探讨演奏技巧等方式，学生能够拓宽思维边界，获取多元化的观点与建议，从而深化对音乐作品的理解与感悟。同时，良好的沟通交流也有助于营造积极、和谐的音乐学习氛围，增强学生之间的凝聚力与向心力，使音乐活动成为促进学生全面发展的有效平台。

以人音版一年级下册第六单元"美好的夜"教学设计为例

"美好的夜"选自人音版一年级下册第六单元,这一单元继续围绕音乐与大自然这一主题,让学生感受美好的夜。内容包括学唱歌曲《星光恰恰恰》,体会恰恰舞曲风格;学唱《闪烁的小星》,认识6个音符唱名;欣赏并学唱歌曲《小宝宝睡着了》;欣赏德国勃拉姆斯的《摇篮曲》;在"唱游"《跳起来》中感受舞曲带来的快乐;了解"圆舞曲""摇篮曲""进行曲"三种音乐材的风格特点,共五个学时。

【单元学习目标】

1.结合生活中的经验去感知、探索音的高低,并深入到歌曲中对比体验。聆听德国勃拉姆斯的《摇篮曲》和中国"摇篮曲"《小宝宝睡着了》,能用语言和动作简单描述和表达自己的感受。

2.能用轻柔的声音演唱《小宝宝睡着了》,选择合适的打击乐器为歌曲伴奏。能准确做手势模唱《闪烁的小星》的旋律,用自然优美的声音边唱边表演歌曲。能用欢快的歌声和简单的动作,有节奏地表演《星光恰恰恰》。

3.在"唱游"活动中,根据音乐风格做出相应的舞蹈律动,并大胆创编歌词。

4.通过"摇篮曲"这一音乐体裁的学习,联想到旧知"圆舞曲""进行曲",总结常见的音乐体裁。

【相关文化链接】

1.三种常见音乐体裁:"圆舞曲""摇篮曲""进行曲"。

2.学习四拍子恰恰舞步,感受恰恰舞曲风格特点。

3.学习三拍子圆舞曲舞步,在舞蹈中再次感受"圆舞曲"风格特点。

4.了解玛祖卡舞曲、小步舞曲、波尔卡舞曲。

5.学习什么是"摇篮曲"体裁,感受摇篮曲带来的温馨意境。

6.掌握什么是"进行曲"体裁及其风格特点。

表 5-1 教学评价设计

评价目标	评价内容	评价方式	评价标准	评价工具
通过聆听、演唱、感受等方式，做出相应的体态反应。配合音乐律动、声势、画旋律线进行表演	在欣赏中，用语言和动作表达自己的感受，感受摇篮曲风格（欣赏）	现场评价 教师评价	1. 良好的聆听习惯★★ 2. 准确表达音乐感受★★	叙述性评价
			1. 在老师的提醒下，做到安静聆听★ 2. 基本表达出自己的音乐感受★	
	1. 认识6个唱名，并用手势模唱旋律 2. 用自然优美的声音演唱歌曲 3. 与他人合作完成学习内容（表现）	学生互评 教师评价	1. 快速准确认识音名★★ 2. 节奏、力度、音准准确★★ 3. 积极与他人合作★★	叙述性评价 课堂评价
			1. 提醒下，基本认识音名★ 2. 节奏力度音准基本准确★ 3. 能与他人合作★	
	1. 根据舞曲风格进行舞蹈律动 2. 大胆创编歌词（创造）	学生互评 教师评价	1. 积极表现自我★★ 2. 能够表达个人观点完成创编★★	课堂评价
			有表现自我和进行创编的意识★	
	1. 根据舞曲风格进行舞蹈律动 2. 大胆创编歌词（创造）	学生互评 教师评价	掌握学过的音乐体裁并能说出不同音乐体裁所运用的场合★★	叙述性评价
	总结学过的常见的音乐体裁（联系）	教师评价 自我评价	基本掌握学过的音乐体裁★	

（天津市滨海新区塘沽三中心小学　胡惠子）

（五）从教师评价维度入手

中小学音乐课堂教学质量的好坏直接关系到学生的学习效果和音乐素养的培养。为了确保教育的公平与质量，建构一个科学、全面的教师教学能力评估体系显得尤为重要。这个体系可以为教师提供自我反思与发展的机会，帮助他们不断提升自身的教学能力，进而提高音乐课堂的教学质量评估教师的教学能力并非一项简单的任务。它需要考查教师在音乐课堂中的专业素养、教学方法、教学内容和教学效果等多个维度的表现。因此，在建构中小学音乐课堂教学质量测评体系时，我们需要制定一系列合理的评估方法，以确保评估体系的科学性和全面性。对于教师的专业素养评估，可以考查教师对音乐学科的了解和掌握程度，包括音乐理论知识、音乐史和音乐文化等方面。此外，还可以通过观察教师的音乐演奏技巧和艺术修养，来评估其在音乐专业素养上的水平。这样的评估可以帮助教师深化对音乐学科的理解，有效提升其专业素养。同时，教学方法评估是教师教学能力评估中不可或缺的一环。不同的教学方法对学生的学习效果有着巨大的影响。

在对教师音乐教学能力进行评估时，教学方法的运用是一个关键的考察维度。教师在音乐课堂中所采用的教学方法应具备多样性和灵活性，以满足不同学生的学习风格与需求。这涵盖了引导式教学，通过巧妙设问与引导，激发学生的主动思考与探索欲望；合作学习，鼓励学生在小组中交流协作，培养团队精神与沟通能力；情感教育，注重营造情感共鸣，使学生在情感体验中深化对音乐的理解。同时，教师应熟练掌握并适当运用现代教育技术手段，如多媒体教学、在线学习平台等，以丰富教学形式，增强课堂的趣味性与互动性，拓宽教学资源的广度与深度。

教师的教学内容评估构成了教学能力评估的核心部分。教学内容的科学性与时效性直接关系到学生音乐素养与技能水平的提升。教师在音乐课堂中所传授的知识和技能，必须精准对接学生的学习需求，严格遵循教学大纲的要求。评估教学内容涉及多个方面，包括教材的选择是否恰当、权威，能否为学生提供丰富而系统的音乐知识体系；课堂设计是否合理、创新，能否有效组织教学活动，引导学生积极参与；教学资料的编制是否规范、实用，能否辅助教学目标的达成。通过对这些方面的综合评估，确保教师所教授的内容能够为学生提供坚实的知识基础与广阔的学习空间，促进学生在音乐领域的全面发展。

教学效果评估则是衡量教师教学能力的关键指标，它直接反映了教师的教学质量和对学生学习的影响力。评估教学效果可从多个维度展开，学生的学习成绩

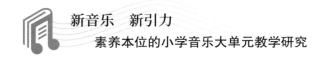

是直观的量化指标，能够反映学生对音乐知识与技能的掌握程度；作品表现则展现了学生的创造力与实践能力，如音乐创作、演奏等作品的质量；课堂参与度则体现了学生的学习积极性与主动性，包括课堂互动、小组讨论等环节的参与情况。此外，借助学生、家长和同事的多元评价，能够从不同视角全面了解教师的教学效果。学生评价能够直接反映教学的接受度与满意度；家长评价则提供了家庭视角下的教学反馈，关注学生在家庭环境中的学习表现与进步；同事评价则侧重于教学专业性与教学方法的创新性等方面。综合这些评价信息，教师能够及时洞察自身教学过程中的问题与不足，有针对性地调整教学策略，优化教学方法，从而不断提升教学效果，为学生提供更高质量的音乐教育，促进学生音乐素养的持续提升与音乐才能的充分发展。

（六）课堂教学环境与氛围

课堂教学环境是中小学音乐课堂教学中不可或缺的一部分，它对于学生的学习积极性、情感态度和综合素质的培养有着至关重要的影响。因此，建构一个科学有效的课堂教学环境评估方法，对于提高音乐教育的质量和水平至关重要。

评估课堂教学环境需要考虑多个方面的因素，如课堂布置、教学资源、师生互动和学习氛围等。首先，在课堂布置方面，教师应根据音乐教学的特点，合理布置教学设施和资源，营造出一个宽敞明亮、功能齐全的音乐教室。教室的布置要符合美学原则，通过色彩搭配、装饰物品等方式，创造出一个温馨、舒适的学习环境，激发学生对音乐的兴趣和热爱。其次，教学资源的充足与否是评估课堂教学环境的重要指标之一。教师需要为课堂准备齐全的教学材料和器乐设备，确保学生在音乐学习中能够得到充分的支持和指导。此外，教学资源还应包括多媒体设备和网络资源，以提供丰富多样的学习内容和形式，激发学生的学习兴趣和创造力。师生互动是课堂教学环境评估中的核心内容之一。教师在课堂上应该注重与学生的交流与互动，关注每一个学生的学习情况和需求，建立良好的师生关系。教师应该鼓励学生积极参与课堂活动，提出问题、发表观点，培养学生的自主学习能力和创造思维。最后，课堂教学环境评估还需要考虑学习氛围的营造。教师应该通过多种方式创造积极向上的学习氛围，营造出轻松愉悦、积极向上的学习氛围。例如，组织音乐比赛、演出和展示活动，让学生展示自己的才华和能力，激发学生的学习兴趣和潜能。此外，教师还应注重课堂的秩序管理，为学生提供安全、有序的学习环境。

四、具体评价方法策略

学生学习成果评估，旨在客观、全面地评估学生在音乐学习过程中所获得的知识、技能和情感体验以及对音乐艺术的理解和创造力的发展。在构建中学生学习成果评估的方法中，我们需要采取一系列科学有效的措施，以确保评估的公正性和准确性。

（一）课堂观察

在音乐教育研究与实践中，观察作为一种重要的评估手段，能够为教师提供学生音乐学习过程中的真实信息，从而精准把握学生的学习动态与个体差异。

首先，可以采用课堂观察法。这种方法通过观察学生在音乐课上的表现，如参与度、合作精神、创造力等，来评估他们的学习成果。例如，在合唱课上，可以观察学生是否能够准确地掌握歌曲的节奏、音高和歌词，并能够与他人协作完成演唱。这种方法能够直接反映学生在实际学习中的表现，具有很高的可信度。

自然观察是指教师在日常音乐教学情境中，不干预学生的学习行为，对其自然表现进行细致入微的观察。在此过程中，教师需敏锐捕捉并记录学生在音乐学习中的兴趣点，如对特定音乐风格、乐器或活动的喜爱程度；观察学生的学习态度，包括对待音乐学习的认真程度、积极性与主动性；评估学生的参与度，关注其在课堂讨论、音乐表演等环节的投入情况；以及考查学生的合作能力，如在集体音乐创作、合奏等活动中与同伴的协作配合程度。通过自然观察，教师能够全面了解学生在自然状态下的音乐学习行为，为后续教学调整与个性化指导提供依据。

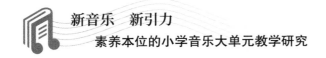
结构化观察则更具针对性与系统性。教师依据教学目标与评估需求，精心设计特定的观察表格或记录工具，明确观察指标与记录方式。在音乐课堂上，教师借助这些工具，对学生的特定表现进行精准观察与详细记录。例如，针对歌唱技巧，可观察学生的音准、音色、气息控制等方面的表现；对于节奏感，可记录学生在节奏模仿、节奏创编等活动中对节奏的把握准确性与稳定性。结构化观察能够帮助教师深入剖析学生在音乐技能掌握方面的细节问题，为制定针对性的技能训练计划提供有力支持。通过自然观察与结构化观察的有机结合，教师能够全方位、多层次地了解学生音乐学习状况，进而优化教学策略，促进学生音乐素养的全面提升。

（二）测验与评估法

在音乐教育评估体系中，音乐理论测验与音乐技能测验是两种关键的评价工具，旨在全面衡量学生在音乐领域的知识与能力发展状况。

音乐理论测验主要聚焦于学生对音乐基础知识的掌握程度，其测试形式多样，包括书面测验与口头测验。书面测验通常涵盖对音符时值、节奏型、音阶构成等基础理论知识的识别与应用能力的考查，要求学生能够准确书写音符、分析节奏组合、构建音阶等，以检验其对音乐符号系统的理解和运用能力。口头测验则侧重于评估学生对音乐理论知识的口头表达与解释能力，例如，教师可随机提问学生关于音乐术语的含义、音乐作品的风格特点等，考查学生能否清晰、准确地阐述相关理论知识。通过这两种方式的综合运用，能够全方位地评估学生在音乐理论层面的学习成效，为后续教学中理论知识的深化与拓展提供参考依据。

音乐技能测验则专注于对学生演唱、演奏等实践技能的评估，以精准把握学生的技能水平与进步轨迹。在演唱技能测验中，教师可从音准、节奏、音色、情感表达等多个维度对学生进行综合评价，观察学生在演唱过程中对旋律的把握、节奏的稳定性、声音的控制以及对歌曲情感内涵的诠释能力。演奏技能测验则依据学生所使用的乐器种类，分别设定相应的测试内容与标准，如钢琴演奏可考查学生的指法熟练度、踏板运用技巧、乐曲的整体表现力；小提琴演奏则侧重于评估学生的弓法、指法以及对音乐作品风格的演绎能力。通过对学生音乐技能的定期测验，教师能够及时发现学生在技能训练中的优势与不足，针对性地调整教学策略，制定个性化的技能提升计划，助力学生在音乐技能方面不断突破，实现持续进步与成长。

此外，还可以采用作品评估法。这种方法通过评价学生的作品来评估他们的学习成果。例如，在音乐创作课上，学生可以自由发挥，创作出自己的音乐作品，可以通过评估作品的创意性、表达力、技巧运用等方面，来评估学生的学习成果。这种方法能够鼓励学生的创造力和独立思考能力，并且能充分展现学生的个性和特长。

除了以上方法，教师还可以结合考试评估法和日常表现评估法等其他评估方法，以确保学生学习成果评估的全面性和准确性。但无论采用何种方法，评估过程中都需要注重公正性和客观性，不能偏袒某一部分学生或者片面地评价学生的学习成果。

最后，值得强调的是，学生学习成果评估不仅是对学生的评价，更是对教学过程和教师教学效果的反馈。教师可以通过评估结果了解自己的教学是否有效，是否能够达到预期的教学目标，从而及时调整教学策略和方法，提高教学质量。

（三）问卷调查法

在小学生音乐技能水平的评价与检验过程中，教师还可以采用问卷调查法，通过设计一份合适的问卷，可以了解学生对音乐学习的态度、兴趣以及对自己学习成果的评价。这种方法能够帮助我们更全面地了解学生的学习情况和需求，从而调整教学方法和内容，更好地促进学生的学习。

在构建音乐教育评价体系时，学生自评问卷与教师评价问卷是两种重要的工具。学生自评问卷精心设计相关问题，引导学生从多个维度对自己的音乐学习进行全面评价。这不仅涵盖学生对自身音乐知识掌握、技能运用的自我评估，还深入挖

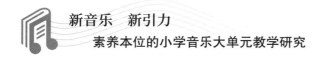

掘学生对音乐学习的兴趣、动机、学习方法以及学习过程中遇到的困难等方面的自我认知，从而准确把握学生的学习态度与内在需求，为个性化教学提供依据。

教师评价问卷则聚焦于教师在音乐教学实践中的专业观察与客观评价。通过问卷形式，系统收集教师对学生课堂表现、学习进步、音乐素养提升等方面的评价信息，以及教师对学生个体差异、学习风格的洞察。这些信息有助于教师反思教学方法的有效性，及时调整教学策略，同时也为学校管理层提供教学质量监控与教师专业发展的参考数据，促进音乐教育质量的整体提升。

（四）音乐作品分析法

在音乐教育评估中，作品选择与分析是深入了解学生音乐素养的关键环节。作品选择阶段，教师需精心挑选具有代表性的学生音乐作品，这些作品可涵盖课堂作业、演出视频等多种形式，以全面反映学生在不同情境下的音乐实践成果。通过这一过程，教师能够初步把握学生在音乐创作与表现方面的倾向与特点，为后续的深入分析奠定基础。

作品分析则是在选定作品的基础上，运用专业的音乐理论与分析方法，从旋律的流畅性与创新性、和声的丰富性与协调性、节奏的稳定性与多样性、结构的完整性与逻辑性等多个维度进行细致剖析。这一分析不仅评估学生在音乐创作方面的技巧运用与艺术构思，还考察其在音乐表现过程中的情感传达、风格把握与艺术感染力。通过对作品的全方位专业分析，教师能够精准定位学生在音乐学习过程中的优势与不足，为其提供针对性的指导建议，助力学生在音乐创作与表现能力上实现质的飞跃，同时也为音乐教学的改进与优化提供实证依据。

在音乐教育评估中，笔试与口试是检验学生音乐理论知识掌握程度的有效手段。通过精心设计的题目，全面考查学生对音符、节奏、音阶等基础知识的理解与应用。音乐作品展示则要求学生在规定时间内完成并展示一定数量的创作或演奏作品，以此评估其音乐表现力与创造力。表演评价通过组织音乐表演赛、音乐会等活动，让学生现场表演，由专业评委从情感表达、技能实施和艺术感知等多维度进行评价。音乐欣赏评价则侧重于学生对不同类型音乐的感知与理解能力，涵盖对音乐风格、情感内涵等方面的深入分析，全面衡量学生的音乐素养。

通过融合音乐大单元教学的理念，综合运用多种评价维度与评价方法作为评价音乐的途径，例如，在以戏剧融入大单元教学的实践中，教师从多个方面对学生的课堂表现进行观察与评估，包括感知作品的基本音乐要素（欣赏），参与演唱、与他人互动、表演等（表现），情景表演和声势律动以及乐器伴奏、创编歌词（创造），发现音乐与生活之间的联系（联系）。关注学生在课堂活动中的参与和表现，能够丰富和优化表现性评价的维度，并根据学生的表现落实终结性评价。此外还可以引导学生进行自我评价和同伴互评，以此构建一个更加系统和全面的音乐教学评价体系。

 以人音版五年级上册第一单元"朝夕"作业设计为例

【单元内容简介】

本课选自人音版五年级上册第一单元"朝夕"，教学内容为学唱两首歌曲，分别是《清晨》和二声部合唱歌曲《晚风》，聆听两首作品，分别是中国传统筝曲《渔舟唱晚》以及外国管弦乐曲《晨景》。

本课以"朝夕"为情景主题，以体现"音乐与自然"的人文性，在赞美大自然美好景色的同时，激发学生热爱生活和爱惜光阴的情感。

【单元教材分析】

1.《晨景》

挪威作曲家格里格于1888年为挪威剧作家易卜生的五幕评剧《培尔·金特》写了二十三段配乐。后选择其中八段改编为两个组曲。本曲就是《培尔·金特》第一组曲中的第一首。这原是诗剧第四幕中主人翁培尔·金特流浪到摩洛哥时，描写日出和清晨景色的音乐。

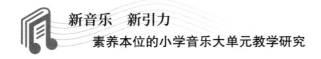

2.《渔舟唱晚》

这是近代古筝家娄树华在20世纪30年代中期根据古曲《归去来辞》的素材加工改编而成的一首传统筝曲，表现了夕阳西照、湖面歌声四起，满怀丰收喜悦的渔民，驾着片片白帆，纷纷而归的动人画面。标题取自唐代王勃的《滕王阁序》中"渔舟唱晚，响穷彭蠡之滨"句。

3.《清晨》

这是一首曲调规整，旋律明快而又流畅的歌曲。它生动地表现了人们早起迎着晨曦锻炼身体的情景。第二部分是歌曲的插入部，旋律优美舒展，与前段形成了对比。歌曲通过了对春天的草原、绿油油的秧苗、葱葱的山林等充满生机的大自然景色的描绘，不仅表现人们对大自然的热爱之情，也充分地表现了人们只争朝夕蓬勃向上的精神面貌。

4.《晚风》

这是一首富有田园风格的歌曲。歌曲以"晚风"为题材，生动地描绘了大自然的美丽景象。"夕阳的晚上"、"树丛中的夜莺在歌唱"……抒发了孩子们对大自然的热爱。

【学情分析】

五年级学生生活范围和认知领域进一步发展，体验、感受与探索创造的活动能力增强，但音乐欣赏课还是缺乏耐心地倾听，因此，教师应加强对学生的培养，利用生动活泼、富于艺术魅力的形式，鼓励他们参与到音乐活动中，以此来激发、培养、发展他们的兴趣。

【单元学习目标】

1.感受中国器乐《渔舟唱晚》描绘夜幕的音乐风格，对比感受国内、国外描绘早晨和夜幕的不同音乐风格，了解世界音乐文化多样性。能听辨出乐曲《晨景》中长笛、双簧管的音色。

2.带着热爱生活、珍惜时光的情感，能用轻快、明亮的声音演唱歌曲《清晨》，并能用打击乐器为歌曲编配伴奏。

3. 带着热爱大自然的情感，能用柔和、舒展的声音演唱歌曲《晚风》，并能用和谐、均衡的声音演唱二部合唱。

4. 懂得6/8拍号的意义，掌握其强弱拍的规律，并能听辨出6/8拍的旋律。

5. 乐于和同伴合作，用多种表现手段编创以"早晨"为主题的音乐（音响）。

【单元作业目标】

1. 突出音乐学科的特点

音乐是听觉艺术，听觉体验是学习音乐的基础。在本单元作业布置重点突出培养学生听觉习惯，了解《晨景》和《渔舟唱晚》的区别，了解西洋乐器和中国传统民族器的不同，培养学生审美感知，增进对中国音乐文化的了解和喜爱之情，有效地提高学生的音乐审美能力，加强语文学科之间的知识联系，加强知识关联与融合，做到知识迁移。

2. 能力上建构教学活动

在歌曲《清晨》作业设计中，重点培养学生使用合适的打击乐器，为歌曲进行编配伴奏，编创是发挥想象力，释放学生艺术潜力的实践活动，还能提升学生之间的团结合作的能力。在歌曲《晚风》音乐实践中掌握六拍子强弱规律，认识并学唱二声部合唱，通过二声部合唱活动，有意识的引导学生相互尊重，形成合作意识和集体观念。

【单元作业整体设计思路】

1. "乐"润童心——基础作业：通过聆听、欣赏、演唱乐曲，培养学生音乐感知能力。

2. "乐"向远方——拓展作业：通过音乐与其他学科或社会活动的交叉与融合，不仅达到知识的强化，而且培养了学生的学习兴趣。

3. 觅知音——创编作业：通过深挖音乐作品，了解其背景和文化、让音乐与生活结合，拓宽音乐视野，全面提升音乐素养。

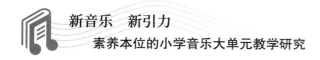

【课时作业】

第一课时：

作业一："乐"润童心。

1. 请同学们用"lu"哼唱主题，感受乐曲强弱的变化。

2. 听辨长笛和双簧管的音色，并通过网络检索认识长笛和双簧管。

3. 选择：听音乐，旋律先由（　　）乐器主奏，紧接着是（　　）乐器，与之相呼应？在音乐描绘红日高升、金光四射的意境时，是用（　　）乐器演奏出的？

A. 长笛　　　　　　B. 双簧管　　　　　　C. 弦乐组

作业二："乐"向远方。

聆听格罗菲管弦乐组曲《大峡谷》第四乐章"日出"，判断乐曲与以下哪组风景相对应？并说说你的理由，召集家人或朋友们一起聆听，并记录他们的看法。

作业三：觅知音。

1. 聆听《晨景》的旋律，根据所听旋律绘出属于自己的"晨景"图。

表 5-2 《晨景》评价表

自选项目	评价标准	水平	自评	师评
"乐"润童心	正确感受乐曲的强弱变化	★★★★★		
	正确聆听长笛双簧管的音色，分辨乐器旋律	★★★★★		
"乐"向远方	正确听辨格罗菲日出的旋律特点	★★★★★		
觅知音	"晨景"图，画面生动，符合乐曲旋律特点	★★★★★		

评价说明：本课时内容评价设计均用★表示，优秀为五颗，合格为三颗。

第二课时《渔舟唱晚》：

作业一："乐"润童心。

1. 听辨古筝乐曲的慢板与快板部分，想象夕阳西下，湖面歌声四起的景象，感受渔民满怀丰收喜悦的情感。

作业二："乐"向远方。

组建你的团队，安排成员配乐朗诵《滕王阁序》节选。

作业三：觅知音。

1.动手制作乐器——古筝。

2.收集古筝的其他曲目并向家人、朋友分享和介绍它的故事。

表5-3 《渔舟唱晚》评价表

自选项目	评价标准	水平	自评	师评
"乐"润童心	正确听辨古筝乐曲的快板与慢板部分	★★★★★		
"乐"向远方	配乐诗朗诵《滕王阁》，表演自然	★★★★★		
觅知音	古筝制作形状、样子正确，制作精美	★★★★★		
	善于和家人分享音乐里的故事	★★★★★		

评价说明：本课时内容评价设计均用★表示，优秀为五颗，合格为三颗。

第三课《清晨》：

作业一："乐"润童心。

1.聆听音乐，分析歌曲的情绪以及歌曲分为几个部分？

2.跟着伴奏演唱全曲。

作业二："乐"向远方。

1.运用杯子为歌曲伴奏。

作业三：觅知音。

1.通过录音设备记录晨间的各类声音，学生互相交流。

表5-4 《清晨》评价表

自选项目	评价标准	水平	自评	师评
"乐"润童心	完整，带着感情演唱全曲	★★★★★		
"乐"向远方	杯子节奏准确，富有表现力	★★★★★		
	合作表演默契度	★★★★★		
	表演流畅、自然	★★★★★		
觅知音	录晨间活动，录制晨间声音富有表现力	★★★★★		

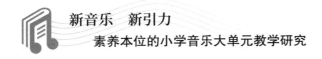

评价说明：本课时内容评价设计均用★表示，优秀为五颗，合格为三颗。

第四课时《晚风》：

作业一："乐"润童心。

1.通过学唱《晚风》感受歌曲描绘的自然界的美丽晚景，激发对生活、大自然的热爱之情。

2.感受6/8拍的强弱规律，能够画一画八六拍的强弱规律（强、弱、弱、次强、弱、弱）。

（1）画一画。

（2）唱一唱下面两段旋律，哪一段是 8/6 拍？哪一段是 4/4 拍？在方框内填上拍号。

作业二："乐"向远方。

1.学唱《晚风》二声部。

作业三：觅知音。

学生开动脑筋创编《晚风》二声部旋律，可以寻求家人或朋友们的帮助，编好后唱给家人听。

表5-5 《晚风》评价表

自选项目	评价标准	水平	自评	师评
"乐"润童心	歌曲表演流畅，准确，富有感情	★★★★★		
	正确用身体律动分辨八六拍的强弱规律	★★★★★		
"乐"向远方	二声部合唱声音自然、动听	★★★★★		
觅知音	创编旋律动听	★★★★★		
	乐于和家人分享	★★★★★		

评价说明：本课时内容评价设计均用★表示，优秀为五颗，合格为三颗。

【单元质量检测作业】

在单元教学结束，通过节目展示，客观回答，现场提问等形式达到单元质量检测的目的, 培养学生感受音乐, 鉴赏音乐, 表演音乐的能力。

1. 作业内容——扩展与延伸

（1）欣赏管弦乐《晨景》和筝曲《渔舟唱晚》, 学生对比中西乐器演奏的音乐风格的区别。

（2）独唱或者合唱歌曲《清晨》和歌曲《晚风》对比早晨和晚上所描绘的风景和歌曲不同的音乐情感。

（3）学完这个单元你得到了哪些启示。

2. 作业内容——小组表演

（1）请以小组为单位, 来进行节目展示。自由选择合适的打击乐器, 鼓励学生进行创作表演, 表现早晨的活动, 比一比哪组编创的更好。

（2）请以小组为单位, 来进行节目展示。学生创编合适的二声部旋律, 学生唱一个声部, 教师唱一个声部, 用轻柔的声音, 唱出傍晚田野的安逸与宁静, 比一比那组编创的旋律更好听。

（天津市滨海新区塘沽岷江里小学　刘　静）

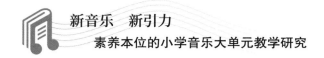

第三节

评价工具：创新技术与数字化

在小学音乐单元教学过程中，选取适宜的评价工具与方法对于衡量学生的学习进展和提升教学质量具有决定性作用。教师需预先准备相应的评价工具，例如评价量表、录音设备等，以便对学生的表现进行详实的记录与深入分析。这样的评价方式有助于教师精准把握学生的学习状态，进而调整教学策略，促进教学效果的优化。

一、艺术成长档案袋

艺术成长档案袋，用于汇集学生的音乐作品、表现、评价结果等。通过定期整理学生的音乐学习记录，如乐谱、录音、视频和反思日志等，全面展示学生的进步和成就。这种方法侧重于过程性评价，帮助学生和教师追踪学习轨迹，发现进步空间。

二、问卷星

利用问卷星设计音乐理论知识测试，通过饼状图、柱状图等形式反馈学生的答题情况。这种方法便于教师快速掌握学生的知识掌握程度，并据此调整教学策略。

三、全民 K 歌软件

学生使用全民 K 歌录制自己的演唱，软件从音准、情感、气息等多个维度给出评分。这种评价方式不仅有趣，还能帮助学生直观地了解自己的演唱水平，激发学习兴趣。

四、希沃白板教学软件

教师利用希沃白板展示学生的音乐作品，进行在线批改和点评。通过投屏功能，学生可以在大屏幕上看到教师的批改过程，促进师生之间的互动和反馈。

五、晓黑板软件

教师利用晓黑板布置音乐作业，并在线批改学生的作业图片。通过点亮优秀作品等方式，给予学生及时的反馈和激励。这种方法有助于提高学生的参与度和学习积极性。

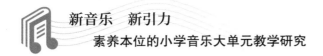

第四节

◆

评价反思：实践回顾未来展望

评价活动本质上是对教学成效的一种综合审视，而对评价内容与评价标准的深入反思，则是确保教学与评价活动有效性的关键策略。通过对评价过程及其结果的回顾与思考，教师能够全面洞察学生的音乐表现和音乐素养，从而为实施个性化教学提供精准的参考依据。

这种反思性实践不仅有助于教师调整教学策略，以更好地适应学生的学习需求，而且能够促进学生在音乐理解、技能掌握、情感表达和创造力发展等方面的全面进步。因此，评价及其后的反思环节构成了一个动态的循环，不断推动着教学质量的提升和学生音乐素养的深化。

一、评价过程中的潜在问题

（一）评价主观性问题

音乐评价中涉及大量主观感受，不同人对音乐的理解和喜好存在差异。制定明确的评价标准，引导学生理解音乐元素的运用和表现，减少主观性评价。同时，鼓励学生表达自己的感受和见解，尊重多元化评价观点。

（二）评价客观性问题

音乐表现难以完全量化，客观评价标准难以确立。结合定量和定性评价方法，如制定具体的评分细则，同时考虑音乐创作的创新性和艺术性。引入专业音乐教

师或评委进行盲评，提高评价的客观性和准确性

（三）评价公平性问题

学生音乐背景和技能水平存在差异，可能导致评价不公平。确保评价标准的公平性和适用性，避免偏见和歧视。采用多样化的评价方式和手段，全面评估学生的音乐素养和表现。鼓励学生自评和互评，增加评价主体的多元性

（四）评价有效性问题

传统音乐评价方式可能无法全面反映学生的音乐素养和潜力。制定科学、合理的评价方案，明确评价目标和内容。采用形成性评价和终结性评价相结合的方式，关注学生的学习过程和进步。引入现代技术手段，如音乐软件、录音录像等提高评价的准确性和有效性。

二、评价结果和应用

（一）针对问题制订改进计划

依据评价结果所揭示的问题，教师应制订有针对性的改进计划，确立清晰的改进目标与实施措施。通过评价反馈，教师能够明确学生的个体差异和特定需求，进而设计个性化的音乐教学方案，以促进学生在音乐领域的持续进步与发展。此外，评价结果亦为教师自身的专业评价和学校层面的自评、互评提供了重要依据，有助于构建一个持续改进的教育教学质量保障体系，从而提升整体教学水平。

（二）多种途径实施改进措施

为促进学生音乐素养的全面提升，应依据精心制订的改进计划，精准实施一系列针对性的改进措施。这些措施旨在助力学生突破学习瓶颈，稳步提升音乐学习水平。同时，定期开展综合评估，全方位考核学生在演唱、演奏以及音乐理论等关键领域的掌握情况，以此精准洞察学生在音乐学习过程中的优势与不足，为后续教学提供精准导向。

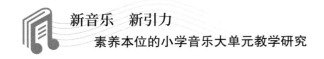

在评估过程中，深入分析学生的音乐表现能力至关重要。教师需细致观察学生在音乐课堂上的综合表现，涵盖节奏感的准确性、音准的稳定性以及音乐感受力的敏锐度等多个维度，从而客观、准确地评估学生的音乐表现水平，为制定个性化的教学方案提供实证支持。

此外，识别学生在音乐领域的潜在发展能力同样不可或缺。综合考量学生的音乐学习兴趣、态度、天赋以及过往的学习成果等因素，运用科学的评估方法与工具，精准判断学生在音乐道路上的长远发展潜力。这不仅有助于教师为学生规划合理的学习路径，还能为学校音乐教育的长远发展提供人才储备与战略规划依据，推动音乐教育事业的持续繁荣。

（三）及时跟踪改进效果

在音乐教育改进实践中，对改进效果进行持续跟踪与科学评估是确保教育质量稳步提升的关键环节。通过建立系统化的跟踪机制，运用多元化的评估工具与方法，全面、客观地衡量改进措施在实际教学中的落实情况与成效表现，从而精准验证改进措施的有效性。这不仅有助于及时发现改进过程中存在的问题与偏差，还能为后续的教育决策提供有力的数据支持与实证依据。

与此同时，依据改进效果的评估结果，灵活调整与优化改进计划是推动音乐教育持续进步的必然要求。教育是一个动态发展的过程，学生的需求、教学环境以及教育目标都在不断变化。因此，教师与教育管理者需秉持开放、创新的理念，根据评估反馈，及时对改进计划进行修正与完善，使其更加贴合教学实际与学生发展需求。此外，不断完善音乐评价方案也是提升教育质量的重要保障。评价方案应与时俱进，不断吸纳新的教育理念与评估技术，确保其科学性、公正性与有效性，为音乐教育的高质量发展提供精准的评价导向与有力的支撑，助力学生在音乐领域实现全面而个性化的成长。

三、落实评价结果反馈

（一）深入分析评价结果

在音乐教育的持续改进过程中，对评价结果的深入分析是不可或缺的环节。通过对评价数据的细致梳理与解读，能够清晰地勾勒出学生在音乐学习领域的优势与不足，为后续的个性化教学策略制定提供精准依据。优势部分可进一步强化，使其成为学生音乐成长的有力支撑；不足之处则需针对性地加以弥补，助力学生克服学习障碍，实现全面发展。

同时，教师需依据评价结果对自身的音乐教学方法进行深度反思。审视教学方法是否科学合理、灵活多样，是否真正契合学生的学习特点与需求，从而确保教学活动能够高效地促进学生音乐素养的提升。若发现教学方法存在偏差或局限，应及时调整与优化，引入更贴合学生实际的创新教学模式，激发学生的学习兴趣与创造力，提高教学效果。

此外，针对学生在音乐学习中暴露出的问题，深入剖析音乐教学的薄弱环节至关重要。这有助于精准定位教学过程中的漏洞与不足，如教学内容的深度与广度把握、教学环节的衔接流畅性、学生参与度的调动等，为教学改进工作提供明确的方向与重点，使教学改革更具针对性与实效性。

最后，对音乐教学资源的全面评估也是优化教学的关键步骤。细致考察音乐教材的丰富性与适用性、教学设备的先进性与完备性、师资力量的专业性与稳定性等多方面因素，准确评估资源的充足程度。依据评估结果，合理规划与调配资源，确保音乐教学活动能够得到充分的资源支持，为学生创造更优质的音乐学习环境，推动音乐教育事业的高质量发展。

（二）及时反馈与有效沟通

在教育教学过程中，定期向学生提供评价结果的反馈至关重要。此举旨在使学生能够准确把握自身的学习状态和表现水平，从而为针对性的学习改进提供依

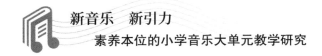
据。通过这种反馈机制，学生得以清晰地认识到自身的优势和不足，进而调整学习策略，优化学习过程。在此过程中，教师应确保反馈的及时性和有效性，以促进学生的自我反思和持续进步，最终实现教育教学目标的高效达成。

在音乐教育的实践中，将学生的评价结果与家长进行有效沟通，是促进学生音乐学习和发展的重要环节。通过这种双向交流，教师与家长共同关注学生的音乐成长轨迹，确保教育目标的协同一致。此种沟通不仅有助于家长更深入地了解孩子在音乐学习中的表现和潜能，还能促进家校合作，形成教育合力。因此，定期且详尽地向家长反馈评价结果，对于构建支持性的学习环境、制订个性化的教育计划以及激发学生的音乐潜能均具有积极意义。

在素养导向的音乐教学革新中，大单元教学模式以其独特的优势，成为小学音乐教育领域的一股新潮流，探索小学音乐大单元教学模式在课堂中的具体实施路径，为小学音乐教师打开思路，举一反三，推动教学方式的创新，确保新教材的教学理念得到充分体现和有效落实，助力学生音乐核心素养的全面提升。

第六章

小学音乐学科中实现教学优化的
路径探索

　　在艺术新课标的指引下，小学音乐教育正逐步迈入一个充满活力和创新的新纪元。在这个以核心素养为教育核心的新时代，音乐这门古老而永恒的艺术，已经超越了单纯的听觉享受，转化为一种能够深触心灵、启迪智慧的力量。

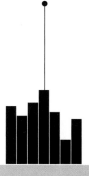

第一节

整合资源：构建大单元教学框架

　　大单元音乐教学设计以结构化的课程内容、情景化的学习活动和音乐实践的学习方式，体现了培养学生核心素养的教学模式。单元活动可以通过大单元的教学目标逆向设计。经过深度学习和丰富的音乐实践活动，使学生了解和掌握大单元主题内容和音乐知识技能，达到音乐教学的横向连接和纵向贯通。

　　教师可以根据课程标准和教学目标，对教材内容进行深入分析和整合，将多个相关联的知识点或技能整合成大单元体系，保证知识和能力体系的连贯性与层次性。在构建大单元教学框架时，教师关注不同学段教材内容的贯通和衔接，也就是跨单元教学确保结构体系化和内容合理化。如以京剧为主的戏曲内容的学习安排，人音版教材中从二年级到六年级循序渐进地进行呈现，在二三年级的教材中分散编排了锣鼓经的学习和欣赏现代京剧唱段，四年级安排了戏歌和京剧主题单元，五年级安排了欣赏篇幅较大的京剧唱段以及以京韵为主题的学习单元，六年级安排了综合性的戏曲主题单元。这体现了新教材整体上螺旋上升的顺序表达，因教师一定要有大单元思维，打破固有的一课一备的认知，同时教师还可以结合学生的实际情况和兴趣爱好，适当拓展和延伸教学内容，以丰富学生的学习体验。

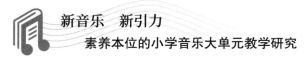

基于核心素养的小学音乐大单元教学设计
——以"京韵"单元为例

以"京韵"单元中的教学内容为例，探讨深入学习单元主题内容和单元音乐活动的策略。

（一）感受京韵美

"聆听是音乐学习的基础，也是培养学生核心素养的重要途径。"聆听体验是音乐学科特有的学习方法，感受音乐，从听觉入手，增强学生审美感知的能力。

例如：在"京韵"这一单元中，演唱京歌《京调》导入时复习聆听了四年级京歌《故乡在北京》和《唱脸谱》，衔接了以前的相关知识。通过图片、视频等方式学习京剧的四大行当、四大功夫、脸谱、伴奏乐器、唱腔和板式。初听歌曲，用拍手的方式体验一板一眼，达到寓教于乐的效果。通过多次的反复聆听，引导学生在歌曲中找到八分休止符的难点节奏，巧妙地以打躲板的方式解决，体会了京剧韵律的特点。通过京腔假嗓的发声训练，体验了京剧的"念"功。通过口传心授的方法进行教学演唱，还进行了旦角身段表演。了解了京剧西皮原板的唱腔板式。拓展中还聆听欣赏了传统京剧《玉堂春》《打渔杀家》经典唱段，聆听内容层层递进，引导学生积极感受京剧京韵美。

（二）欣赏京韵美

学生必备的核心素养之一，就是学会欣赏艺术之美。在小学音乐课堂中，需要大单元式教学，培养学生发现、感受、认识、反应音乐的能力，教师要围绕单元主题内容，有针对性地筛选出适合小学生欣赏的音乐素材。

例如：在"京韵"这个单元中，笛子与乐队演奏的《京调》是以传统京剧《玉堂春》中"苏三起解"的一折唱段作为主题旋律素材，唱腔风格属于西皮原板和西皮流水，一开始欣赏教师青衣扮相表演的传统京剧《玉堂春》中"苏三起解"的唱段，营造出京剧学习的氛围，通过师生合作等不同聆听方式，体会音乐中速度、节奏、情绪的不同，引导学生自主地从不同音乐角度聆听音乐，提高音乐鉴赏能力。最后，师生们一起欣赏了京剧片段，孙毓敏演唱的传统京剧西皮流水唱腔：《苏三离了洪洞县》（选自《玉堂春》"苏三起解"一折）（2′）和西皮流水唱段：《那一天梳妆照镜子》（选自《玉堂春》"自从公子回原郡"一折）（6′）。学生模仿京剧角色身段，聆听经典唱段，加深了解京剧的西皮流水唱腔，欣赏京韵美。

（三）表现京韵美

核心素养也体现在学生的艺术表现力上。在音乐学习中，演唱、演奏、表演等音乐表现形式有助于提高学生的艺术表现素养，除此之外，还可以通过多种形式提高与他人的合作能力，如合唱、合奏、小组表演等。

例如：在"京韵"单元中，京歌《我是中国人》以西皮流水的京剧唱腔为切入点，导入歌曲，让学生学习有连贯性，也体现了大单元教学的知识关联性。引导学生用生角大嗓念白读歌词，通过微课了解京剧中拖腔的创作手法，演唱中注重了拖腔和波音，唱腔属于西皮流水，展示了京剧韵味，突出了民族自豪之情。教师引导学生熟悉歌曲的同时，通过设计生角的台步、出场等动作和师生合作、小组合作表演等不同的表现形式，增强合作意识，在寓教于乐中，引导学生先学后演，不断提高学习表演的效果。表现京剧京韵之美。

（四）创造京韵美

在小学音乐教学中，教师要引导学生开拓创新思维，提升创意实践能力，积极参加创作、表演等艺术实践活动，提高学生核心素养。创编音乐是在已有音乐知识和技能的基础上，具有创造性的音乐实践活动。大单元教学的关联性也体现了这一点。

例如：在"京韵"这个单元中，第四课时复习欣赏现代京剧选段《甘洒热血写春秋》和《迎春色换人间》，以现代京剧概念导入本课时主题：欣赏现代京剧《沙家浜》选段《要学泰山顶上一棵青松》，再由京歌《我是中国人》中拖腔唱腔关联到本唱段拖腔，从而形成了大单元的能力迁移。唱段中的快板激发了学生热爱家

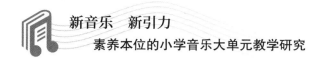
乡的情感，同时也培养了学生继承革命传统民族的自豪感。在创编环节，播放了京剧锣鼓音乐，重温了学过的京剧伴奏乐器，有鼓、板、大锣、铙钹、堂鼓等，了解锣鼓经，并鼓励学生们以小组为单位合作演奏锣鼓经，经过练习后，进行创编锣鼓经片段，创造了京剧京韵之美。

最后，在拓展中欣赏到其他地方戏曲的经典唱段，如黄梅戏《女驸马》、豫剧《花木兰》、越剧《红楼梦》等，既增强了学生文化理解核心素养，又激发了学生热爱祖国博大精深的戏曲文化。

（天津市滨海新区塘沽紫云小学 陈 楠）

在素养导向的小学音乐教学革新中，大单元教学模式展现出了强大的潜力，这一模式的核心在于打破传统的碎片化教学，通过构建宏观的、主题性的教学单元，将音乐知识技能与情感体验融合在一起，从而增强教学的连贯性和有效性。

第二节

激发兴趣：设计多样化教学活动

音乐教育不仅局限于技能的训练，更注重通过基础的学习和多样的学习形式，激发学生学习的兴趣、欲望，培养良好的情感态度和价值观。

进行音乐教学时，教师可以根据自己的实际需要运用多种形式加入教学，不要仅局限于单一的教学方法，而要以学生的认知发展规律和音乐内容的需要为基础，使大单元教学真正发挥其应有的作用，从而提高学生的整体音乐素养。丰富了教学手段，而且极大地拓展了以提高学生审美素养为目的的音乐教育方法多样性。

一、丰富教法与学法

教师采用情境教学法、直观演示法、游戏竞赛法引导学生学习；学生将以参与者的身份进入各个教学环节中，在自主探究、合作学习和模仿学习的过程中不断提升自己的音乐能力和对传统文化的理解。

（一）情景教学法

精心创设生动逼真的情景，引领学生深切体悟音乐与生活之间的紧密纽带，有效激发学生主动参与学习的热忱，充分激活学生的学习内驱力，为接下来学习歌曲做铺垫。

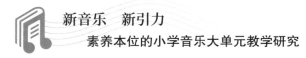
以人音版二年级上册第八课"小拜年"教学设计为例

一、激趣导入，出示任务

（一）创设学习情境

播放视频：在"小玉"的带领下，我们一起跟着它去拜年，在《小拜年》的背景音乐下出示湖南特色美食、美景，请学生猜一猜我们到了什么地方？

（二）出示任务活动

出示课题，明确任务单，帮助小玉完成任务。

【设计意图】创设情境，将本节课需要掌握的重难点，以任务单的方式出示给学生，引起学生的学习兴趣，利用任务驱动，引导学生带着问题去学习。

二、参与活动，非遗寻根

任务一：寻找锣鼓传承人。

1. 观看微课"跟着小玉游湖南"，介绍常德锣鼓之乡，了解锣鼓文化。

2. 锣鼓达人闯关游戏：老师出示节奏，学生用拍手和拍桌的方式进行敲击。并对附点节奏进行重点学习。

3. 锣鼓齐鸣：学生分组，分别敲击锣、鼓节奏，随音乐进行合作演奏。

4. 评价奖励表现好的学生锣鼓贴纸，称为"锣鼓传承人"。

任务二：寻找舞狮传承人。

1. 观看微课"跟随小玉游湖南"，介绍湘西舞狮之乡，了解舞狮文化。

2 学习舞狮动作：学生拿出美术课绘制的醒狮头像，跟老师一起学习舞狮动作，双手举起狮头放在额头前方，左一步右一步模仿舞狮行走。

3. 进行舞狮律动：学生围成一个圆圈向一个方向转身，聆听第一段音乐，跟着老师律动，加深感受二拍子的节拍特点。

4. 学习难点乐句：老师在附点节奏处做出狮头甩动的动作，带领学生一起解决难点乐句演唱。

5. 评价奖励表现好的学生醒狮贴纸，冠名为"舞狮传承人"。

任务三：寻找舞龙传承人。

1. 观看微课"跟着小玉游湖南"，介绍湖南汝城县，了解非遗香火龙。

2. 百龙齐舞：聆听第二段音乐，学生拿出做好的龙形图案，跟老师一起随旋律音高上下舞动手中的小龙。

3. 完整表现：学生拿起龙形道具，手搭前肩排成一条长龙，跟着老师的绣球和音乐一起舞动。

4. 评价奖励表现好的学生舞龙贴纸，冠名为"舞龙传承人"。

任务四：寻找湖南花鼓戏传唱人。

1. 观看微课"跟着小玉游湖南"，介绍长沙，了解长沙花鼓戏。

2. 学唱歌曲：教师弹琴学生演唱，教师纠正问题精细处理作品。

3. 完整演唱：播放伴奏，完整演唱歌曲，并加入喜欢的动作表演。

4. 评价奖励表现好的学生音符贴纸，称为"花鼓词传唱人"。

【设计意图】通过学生参与四个任务活动，教师引导学生学习插部节奏，解决重难点节奏和乐句，学生在学习锣鼓、舞狮、舞龙等音乐文化的过程中感受二拍子的律动，解决难点乐句的演唱。运用视听结合，引导学生了解花鼓词的艺术形式，学会用动作表现旋律的起伏，帮助学生更好的表达歌曲，体验音乐。

（一）营造热闹场面

教师引导学生第一段用舞狮的动作表演唱，第二段用舞龙的动作表演唱，锣鼓传承人进行伴奏，营造龙腾虎跃、锣鼓齐鸣的热闹场面。

（二）唱游《小拜年》

1. 东北民歌《小拜年》：学生在教室中散开站好，跟着音乐旋律，一个八拍走秧歌步，到另一个同学身边，第二个八拍跟对面的同学做拜年的姿势并说新年快乐。

2. 湖南花鼓《小拜年》：学生自己选择喜欢的龙、狮形象，加入队伍进行表演。

【教学意图】将前面的表演环节进行整合，形成一个完整的情境表演，让学生

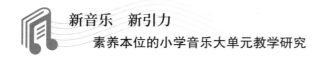

身临其境体会新年热闹的氛围。同时，对比不同地区的音乐风格，感受地域文化差异。

（天津市滨海新区新北第二小学　刘彦茹）

聚焦音乐要素的深度体验，着力培育学生的音乐思维能力，感知节奏、旋律、和声等要素的魅力，启发学生以音乐思维解析作品，进而提升音乐素养与审美水平。

（二）直观演示法

直观演示法作为其中的重要教学手段，通过生动形象的展示，将抽象的音乐理论知识与具体的音乐元素直观呈现于学生面前，使学生能够更清晰地理解音乐的构成与内涵，有效降低学习难度，激发学生的学习兴趣与求知欲。例如，在讲解音乐节奏时，教师可借助节奏卡片、节拍器等直观教具，让学生直观感受不同节奏型的特点与规律；在介绍乐器音色时，通过现场演奏或播放乐器音色示范音频，让学生直观辨别各种乐器的独特音色，加深对音乐基础知识的印象与理解。

（三）游戏竞赛法

游戏竞赛法则是另一种极具吸引力的教学方法，它巧妙地将音乐知识与技能训练融入趣味盎然的游戏与竞赛活动之中，营造出紧张刺激又充满乐趣的学习氛围。在游戏环节，教师可设计音乐接龙、节奏模仿秀等游戏，让学生在轻松愉快的氛围中反复练习音乐技能，巩固所学知识；在竞赛活动中，组织班级合唱比赛、乐器演奏大赛等，激发学生的竞争意识与团队合作精神，鼓励学生积极展示自我，提升音乐表现力与自信心。

此外，微课的运用帮助学生了解非物质文化遗产和推动故事发展。与美术课结合的学科融合的方式，增强传统文化的体验感。通过多样化的教学活动与方法的有机结合，小学音乐大单元教学课程设计改革能够充分调动学生的学习积极性，促进学生音乐素养的全面提升，为学生的音乐学习奠定坚实而良好的基础。

（四）促进音乐与生活情境的深度融合

音乐与生活情境的情境融合，是指在音乐教学中设置或利用与学生生活相关的情境，使音乐教学与学生生活相联系、相贴近、相反映。这种教学策略可以增强音乐教学的针对性和实效性，激发学生的音乐参与感和体验感，促进学生的音乐认同感和归属感。

音乐与节日的情境融合。利用节日中的音乐素材、音乐活动、音乐文化等来设计或组织音乐教学内容和形式，让学生在感受节日气氛的同时，了解节日音乐的特点和意义，参与节日音乐的表演和欣赏。例如，可以让学生在春节前后，学唱一些具有浓郁民族风格和喜庆气氛的春节歌曲，如《恭喜恭喜》《新年好》《贺新年》等，并在班级或校园内进行展示或交流。

音乐与游戏的情境融合。利用游戏中的音乐元素、音乐规则、音乐目标等来构建或引导音乐教学过程和方法，让学生在玩耍和娱乐的同时，掌握音乐知识和技能，培养音乐能力和品质。例如，可以让学生在玩"猜谜语"游戏时，用歌曲名或歌词作为谜面或谜底，并用歌唱或哼唱的方式来出题或答题。

音乐与环境的情境融合。利用环境中的音乐资源、音乐现象、音乐问题等来拓展或深化音乐教学主题和目标，让学生在观察和探索环境的同时，发现和创造环境中的音乐价值和意义。

二、多样化教学活动的实践应用

以把戏剧融入大单元教学实践为例，在小学音乐学科大单元教学课程设计改革中，深入考量大单元教学目标、学生学情以及学习评价的多维度因素，巧妙融合教育戏剧元素，精心策划并设计了一系列丰富多样的教学活动。这些活动旨在全方位激发学生的学习兴趣，提升其课堂参与度，进而促进学生音乐素养的深度发展。

教育戏剧作为一种极具感染力与互动性的教学手段，为音乐教学注入了新的

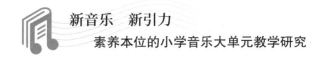

活力。通过角色扮演、情景模拟、戏剧表演等环节，学生能够身临其境地感受音乐所蕴含的情感与故事，从而更深刻地理解音乐作品的内涵与艺术价值。例如，在学习具有故事情节的歌曲时，教师可引导学生分组扮演歌曲中的角色，通过戏剧化的表演，将歌曲的情感与情节生动展现出来；在欣赏音乐剧选段时，组织学生进行情景再现，让学生在表演中体会音乐与戏剧的完美融合，增强对音乐节奏、旋律、情感表达等方面的感知与理解。

此外，这些教学活动还注重与学生学情的紧密结合，根据学生的年龄特点、认知水平与兴趣爱好，灵活调整活动难度与形式，确保每个学生都能在活动中找到适合自己的位置，积极参与并获得成就感。同时，依据学习评价的反馈，教师能够及时对教学活动进行优化与调整，使其更贴合教学目标与学生需求，持续提升教学效果，为学生营造一个充满趣味、富有挑战且极具教育意义的音乐学习环境，助力学生在音乐的海洋中自由遨游，尽情绽放艺术才华。

 戏剧在小学音乐大单元教学中的实践

在第一课时《布谷》教学中，教师可以让学生扮演布谷鸟，结合音程"5 3"和体态律动创编表演游戏，鼓励学生们发挥自己的想象力，通过肢体语言和面部表情来丰富表演内容，感受春天的美好与布谷鸟的欢乐，激发了学生对音乐的学习兴趣和想象力。

在第二课时《小雨沙沙》的教学中，教师可以带领学生复习"5 3"，之后结合歌词以舞蹈的方式丰富教学形式，提升教学效率。首先跟随音乐的节奏，搓手来模拟小雨沙沙的音色，之后把同学们分为两组，小雨组同学通过手部律动表现下雨的情景，种子组通过手势和表情的互动，表现出种子说话和发芽的场景。之后两组结合，表现小雨滋润种子、种子苗壮成长的画面。此外，还可以运用雨伞、小花盆等道具，为表演增添生动性和趣味性，这种戏剧性的表演形式能让学生们在丰富的情景氛围中学习歌曲,提高学生的表演能力和团队合作能力。

在第三课时《春晓》教学中,教师可以采用教师入戏＋画面定格＋配乐朗诵＋舞蹈的方式,把学生平均分为四个小组,教师扮演穿越到唐代的大诗人,而学生的主要任务就是把《春晓》中的情境用画面定格的方式演绎出来。学生的小组不同分工也不同,一些小组按照节奏的配乐进行朗诵,另一些小组随着音乐进行舞蹈,一下子把这首唐诗演绎得活灵活现,类似的还有"故事接龙"等。师生们互动积极,学生在无排练的情况下直接表演已设定好的角色,将音乐教学形式变得十分多元化。既打破了学科界限,又使学生学有所获,学得轻松,实现了以生为本的教育目的,提高了课堂教学的效率,对音乐教学质量有较大的促进作用。

在第四课时《杜鹃圆舞曲》的教学中,教师可以结合音乐设计戏剧表演活动,创设"在春天森林里,杜鹃鸟用歌声唤醒了还在沉睡的森林"的情境,表演中共分为杜鹃鸟、森林居民、旁白三组角色。第一圆舞曲为爱唱歌的杜鹃鸟,音乐让杜鹃鸟用音程"3 1"模仿杜鹃的叫声,唤醒森林中的小白兔、小松鼠等动物,其他扮演森林居民的同学随着杜鹃的歌声做律动,并通过拍手、跺脚等方式感受第一段轻快活泼的旋律;之后第二圆舞曲为爱游戏的杜鹃鸟,音乐表现杜鹃鸟在森林中飞翔,与森林居民们互动游戏的场面,用歌声和舞蹈传递春天的喜悦的情境,森林居民们可以模仿杜鹃的叫声,根据游戏的路线图谱,伸出手来与杜鹃鸟进行互动游戏,表现春天万物复苏的美好和玩耍时的喜悦心情;第三圆舞曲段为爱跳舞的杜鹃鸟,可以表现杜鹃鸟带着森林居民们一起舞蹈,同学们结合音乐一起做律动表演,展现森林的欢乐场景。戏剧表演不仅能让学生更深入地理解《杜鹃圆舞曲》的旋律、节奏和曲式结构,还能通过角色扮演和参与互动,深入体验音乐表现的场景,提升音乐素养和审美能力。

（天津市滨海新区塘沽洞庭学校　李旻璇）

总体而言,教师根据教学内容和目标,设计音乐欣赏、演唱、演奏、创作等多种形式的教学活动。通过这些活动,学生可以深入体验音乐的魅力,感受音乐的

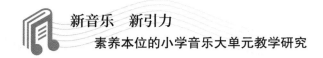

节奏、旋律和音色等元素，培养其音乐感知能力和审美素养。同时，教师还可以引导学生参与小组合作和探究学习，培养其合作精神和探究能力。在设计教学活动时，教师应注重活动的实践性和互动性，让学生在参与过程中获得真实的音乐体验和学习成果。

第三节

◆────────────────────────────────

促进发展：注重过程性教学评价

在小学音乐大单元教学的实践探索与持续改革创新优化的征程中，以单元教学为核心本位，对现有的评价方法与评价体系进行深度调整与创新，是推动教学高质量发展的关键环节。评价机制的优化应秉持全面性与动态性的原则，既要精准关注学生学习的结果，更要重视评价的增值性与发展性，全方位追踪学生在音乐学习过程中的成长轨迹与进步幅度。

摒弃传统单一的评价模式，实现由过去的形成性评价、总结性评价向表现性评价、过程性评价的有机过渡，是构建科学合理评价体系的必然选择。形成性评价与总结性评价侧重于对学生学习过程中的阶段性成果与最终成果的评估，而表现性评价则聚焦于学生在具体音乐活动中的实际表现，如演唱、演奏、创作等，能够直观反映学生的音乐技能水平与艺术表现力；过程性评价则贯穿于学生音乐学习的全过程，关注学生的学习态度、参与度、合作能力以及在学习过程中遇到的困难与解决策略等，为教师提供实时的教学反馈，助力教师及时调整教学策略，满足学生个性化学习需求，促进学生音乐素养的持续提升与发展。通过这种多元化的评价方式，为学生营造一个更加公平、公正、富有激励性的学习环境，激发学生的学习潜能，推动小学音乐教育事业迈向新的台阶。

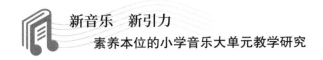

一、目前教学评价中存在的典型问题

在小学音乐大单元教学的实践探索及持续改革创新优化的进程中，教学评价作为关键环节，其现存问题亟待深入剖析与妥善解决。从功能维度审视，教学评价可划分为本体性功能与附加功能两大类。本体性功能涵盖诊断、激励、导向以及教学等方面，其核心要义在于助力教师优化教学策略与学生提升学习效能，即评价的根本宗旨应聚焦于促进教与学的良性互动与持续改进。而附加功能则涉及对学生进行分流、价值评判，以及基于评价结果对教师实施管理与分流，即发挥选拔与管理的功用。

在实际教学评价过程中，常见问题凸显，亟待正视与攻克。首先，常模参照测验的滥用现象较为突出，过度强调选拔意义，而忽视了评价的多元价值与个体差异。其次，评价结果的管理功能被不当强化，致使教学功能相对弱化，评价未能充分反哺教学实践，难以精准指导教学改进与学生发展。再者，评价技术存在明显偏颇，多侧重于对显性知识的考核，而对于隐性能力，如音乐创造力、审美鉴赏力的评价则明显不足，未能全面、客观地反映学生音乐素养的全貌。

究其根源，此类问题的产生多源于对评价附加功能的过度放大，而本体功能，尤其是服务于教师教学与学生学习的核心功能却遭到削弱。这种本末倒置的评价取向，不仅违背了教学评价的初衷，也严重制约了小学音乐教育质量的提升与学生音乐素养的全面发展。因此，亟需重新审视与调整教学评价体系，回归评价的本体性功能，实现评价与教学的深度融合，以充分发挥教学评价在小学音乐大单元教学改革中的积极作用，为学生的音乐成长与教师的专业发展提供有力支撑。

二、过程性教学评价的意义

在教育评价领域，过程评价亦称"形成性评价"或"促进学习的评价"（Assessment for Learning，简称 AFL），是与结果评价相对应的一种极为关键且广泛运用的评价形式。它突破了传统评价仅关注结果的局限，将评价的视角深入到教学与学习的全过程，为教育质量的提升与学生能力的发展提供了持续的动力与支持。

（一）根植人本主义观念

过程评价的核心理念深植于人本主义教育思想，其基本原则在于实现学生全面发展与个性发展的有机统一。这一评价方式超越了传统评价单纯追求结论的模式，将重点聚焦于"促进"学生的学习与成长。它不仅关注学生的学习成绩与分数，更深入探究这些成绩背后的原因，包括学生的学习态度、学习方法、学习动机以及学习过程中遇到的困难与挑战等。通过对这些因素的全面分析与深入思考，教师能够精准地判断学生的学习状态，从而制定有针对性的改进策略与指导方案。

过程评价的终极目标是全方位促进学生的身心健康发展，而非仅仅停留在对学习成绩的客观反映层面。它强调在教学过程中及时发现学生的优势与不足，为学生提供及时、有效的反馈，激励学生不断调整学习策略，优化学习方法，激发学习潜能，从而在知识掌握、能力提升、情感态度与价值观塑造等多维度实现均衡发展。这种以学生为中心的评价机制，充分尊重学生的个体差异，关注每个学生的成长轨迹，为学生营造了一个积极向上、富有激励性的学习环境，助力学生在学习的道路上不断前行，实现自我超越与全面发展。

（二）凸现评价的综合性与强关联性

过程性教学评价并非孤立存在，而是与结果评价、增值评价以及综合评价紧密相联、相互融合，共同构成了一个全方位、多层次的教育评价体系。它不仅是对结果评价的深度延伸与有效拓展，更是增值评价与综合评价理念在教学过程中的具体体现与实践深化。

过程性教学评价关注学生在学习过程中的每一步成长与变化，通过对学生日常学习行为、学习态度、学习方法以及学习习惯等方面的持续观察与记录，为结果评价提供了丰富的过程性数据与背景信息，使结果评价更具科学性、合理性和全面性。同时，它借鉴增值评价的核心思想，注重学生个体在不同时间点上的进

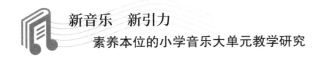

步幅度与成长趋势，关注教育过程中的增值因素，从而更精准地衡量教学效果与学生发展水平。

此外，过程性教学评价还融合了综合评价的多元视角与综合考量，将学生的知识掌握、能力提升、情感态度、价值观塑造等多维度因素纳入评价范畴，全面、客观地反映学生在教学过程中的综合表现与发展状况。这种综合性的评价方式有助于教师从整体上把握学生的学习动态，为教学决策提供全面依据，促进学生在知识、能力、情感等多方面的协调发展，推动教育质量的全面提升。

三、实践过程性教学评价的路径

（一）突出阶段性

在小学教育中，部分学科内容按照低、中、高年级三个阶段进行划分。各阶段学生的核心素养水平存在差异，展现出明显的阶段性特征。然而，这些阶段之间又呈现出递进的关联性。鉴于此，教师需针对这种进阶性和阶段性特点，设计相应的评价体系。这种评价设置应能够准确反映学生在不同学段的学习成果，同时确保评价内容与教学目标的一致性，以促进学生核心素养的连续性和阶梯性发展。

评价可以考虑形式和载体的变化。例如可以设置基于任务的评价，或者基于项目的评价，通过学生在做项目的过程中观察学生的表现如何，他的参与度怎么样，在项目进行的过程当中有什么阶段性的产物或者结果。特别注意的是无论基于任务还是基于项目，都应该体现出情境化，评价始终要以情境为载体。

（二）强调过程性

在每堂课的教学环节中，评价任务也需要时刻贯穿在教学活动中，比如在聆听乐曲的环节时，学生是否能够准确听辨出乐段，在聆听《溪边景色》时，学生能否听辨出乐器模仿的流水声或者鸟叫。学唱时，学生能否跟随钢琴用轻快，准确的声音演唱，并且准确掌握弱起小节的知识点。在展示环节，学生是否能用自己的语言进行评价等。

（三）注重全面性

教师采用观察、记录、反馈等手段对学生的学习过程进行全面跟踪和评估。通过观察学生在课堂上的表现、记录学生的作业和作品、给予学生及时的反馈和指导等方式。

在评价过程中，倡导教师要有形成性评价，通过观察学生在单元学习过程中的参与度、合作能力和创新思维，教师能更准确地评估学生的音乐素养发展，进而调整教学策略，确保每个学生都能在音乐学习中找到自己的位置。

（四）提升结构化水平

教师在进行评价的时候，还要关注学生结构化水平的问题。从某种意义上来说，内容的结构化是实现由知识为本向素养转化的关键所在。教学评价也应该具有结构化特征，而不是孤立的、零散的。

对学生的成长而言，外部环境是一个非常重要的变量。其中，"接纳"是十分关键的。接纳是影响与促进学生个性发展的重要因素，学生的发展与能力的差异是客观存在的，他们的性格特征也是不同的。对此，学生自己也是清楚的，关键是教师如何对待学生的学业水平的差异，能否合理公平地接纳这些不同的学生。这种接纳的实质是，教师给学生提供足够的机会与空间，鼓励他们去体验成功，增强自己的自信，并且能够保持对学校和学习的热情和创造性。

（五）强化针对性

教师还应注重评价结果的多样化和个性化，以充分反映学生的音乐学习情况和发展特点，鼓励学生的进步和努力，培养其自信心和积极性，如在学习有关友谊的歌曲单元时，教师引导学生分享个人经历讨论歌曲中的情感表达，使音乐成为情感交流的桥梁，从而培养学生的审美能力和情感理解力。

在教育实践中，针对性评价的精准实施以对学生全面而深入的认识为坚实基础。若缺乏对学生多维度特征的精准把握，科学准确的评价便无从谈起。教育者需将观察的视角投向学生的行为举止与个性特质，细致洞察学生大脑中既有的认

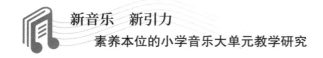

知结构、性格脾气、人格气质以及性格敏感度等内在因素。同时，关注学生的外部表现，如外貌形象、言语表达、动作习惯等外在特点，这些表征性特征为认识与研究学生提供了直观且关键的视角，是了解学生个体差异的重要切入点。

　　进一步而言，深入了解学生的家庭背景与成长经历，是与学生建立紧密联系、开展个性化教育的关键环节。这不仅有助于教育者从宏观层面把握学生的发展脉络，更能精准识别学生在不同成长阶段的特定需求与面临的挑战，从而为学生提供更具针对性的教育支持。通过对学生家庭环境、教育经历、社会交往等多方面因素的综合考量，教育者能够更专业地解读学生发展过程中的各种"症状"，及时发现潜在问题，为学生提供精准有效的引导与帮助，助力学生克服困难，实现健康、全面的成长。

第四节

拓展视野：融合跨学科教学内容

教师结合音乐与其他学科的知识点或技能，设计跨学科、多层次的教学活动。例如，在音乐与历史的跨学科教学中，教师可以引导学生了解不同历史时期的音乐风格和特点；在音乐与地理的跨学科教学中，教师可以引导学生探索不同地域的音乐文化和传统。通过融合跨学科内容，学生更加全面地理解了音乐的内涵和价值，培养其文化素养和综合能力。教师应注重学生的主体地位，通过探究式学习，主动构建音乐知识体系，提升音乐审美与表现能力。

一、跨学科教学的理论支撑

跨学科视角下的单元教学研究与创新，是当前教育领域的一个重要研究方向。单元教学作为一种有效的组织形式，旨在通过整合知识、技能和思维方式，培养学生的综合能力和创新精神。而跨学科教育则强调超越单一学科的界限，通过整合不同学科的知识和方法，解决现实世界中的复杂问题。因此，将跨学科视角引入单元教学研究，有助于推动单元教学的创新与发展。

首先，从定义上来看，跨学科视角下的单元教学研究具有多个层面的内涵。戴安娜·罗顿和马克·秦等人将跨学科教育定义为一种课程设计与教学模式，强调对两门及以上学科的知识、资料、技术、工具、观点、概念或理论进行辨识、评价与整合。这种定义突出了跨学科教育的整合性和综合性，与单元教学的理念相

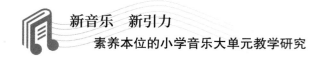

契合。通过跨学科视角的引入，单元教学可以更加全面地整合不同学科的知识和方法，形成更加完整和深入的学习体验。

其次，维罗妮卡·曼西拉强调了跨学科教育在推动学生认知进步方面的作用。她认为，整合两门及两门以上的学科知识与思维模式可以帮助学生更好地解释现象、解决问题、创造产品或提出新问题。这种定义凸显了跨学科教育在培养学生创新思维和实践能力方面的潜力。在单元教学中，通过引入跨学科视角，可以引导学生运用不同学科的知识和方法去探究问题、解决问题，从而培养他们的创新思维和实践能力。

美国国家科学院（National Academy of Sciences, United States）在《促进跨学科研究》报告中提出的定义则强调了跨学科研究在提升基本认识和解决问题方面的作用。该定义认为，跨学科研究是对个人或团体对两门及以上学科的信息、资料、技术、工具、观点及理论进行整合的研究模式。这种定义突出了跨学科研究在解决复杂问题方面的优势，与单元教学的目标相契合。在单元教学中，引入跨学科视角可以帮助学生从多个学科的角度去审视和理解问题，从而找到更加全面和深入的解决方案。

最后，艾伦·雷普克在《如何进行跨学科研究》一文中提出的定义强调了跨学科研究的过程性和目标性。他认为，跨学科研究是回答问题、解决问题、处理问题的进程，旨在通过整合不同学科的见解和方法，构建更加全面的认识。这种定义强调了跨学科研究在构建新知识体系方面的作用。在单元教学中，引入跨学科视角可以帮助学生构建更加完整和深入的知识体系，提高他们的综合素质和创新能力。

跨学科视角下的单元教学研究与创新具有广阔的前景和潜力。通过整合不同学科的知识和方法，单元教学可以帮助学生更好地理解和解决问题，培养他们的创新思维和实践能力。未来的研究可以进一步探讨如何设计和实施跨学科视角下的单元教学以更好地满足学生的需求和社会的发展。同时，还需要关注跨学科视角下单元教学的评价问题,以确保其教学效果和质量得到有效保障。

二、跨学科拓展教学策略

在小学音乐学科大单元教学改革与实践的深入探索中,开展跨学科拓展教学策略的研究与应用,是提升教学综合效益、培养学生综合素养的关键途径。

首先,加强师资培训是跨学科拓展教学顺利实施的基石。通过组织专业培训、学术研讨、教学观摩等活动,提升音乐教师的跨学科知识储备与教学能力,使其能够熟练掌握不同学科的融合点与教学方法,为跨学科教学的有效开展提供人才保障。

其次,整合课程资源是实现跨学科拓展教学的关键环节。打破学科壁垒,深入挖掘音乐学科与其他学科之间的内在联系,如与语文、美术、历史等学科的融合点,整合各学科的教学内容与资源,构建跨学科的课程体系,为学生提供丰富多元的学习素材与知识体系,拓宽学生的学习视野。

再次,创新教学方法和手段是激发学生学习兴趣、提升教学效果的重要保障。运用项目式学习、情境模拟、合作探究等多样化的教学方法,结合现代教育技术手段,如多媒体教学、在线学习平台等,创设生动有趣、富有挑战性的学习情境,引导学生在跨学科的综合学习中主动探索、积极思考,培养学生的创新思维与实践能力,促进学生音乐素养与其他学科素养的协同发展,为学生的全面发展奠定坚实基础。

（一）加强教师素养水平培训

教育部门应充分认识到小学音乐教师在跨学科融合教学中的重要性,并为此制订专门的培训计划。首先,应增加培训的时间和频率,确保音乐教师有足够的机会和时间接受新的教学理念和教学方法。其次,培训内容应涵盖跨学科教学的基本理论、教学方法和实践技巧,帮助教师全面了解跨学科教学的内涵和要求。此外,还应注重培训的实践性和操作性,通过案例分析、教学示范等方式,让教师

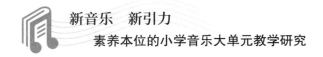

亲身体验和实践跨学科教学的方法和策略。

在培训过程中，应注重提高音乐教师的跨学科教学能力和素养。首先，音乐教师需要掌握跨学科教学的基本知识和技能，包括如何整合不同学科的教学资源、如何设计跨学科教学活动等。其次，音乐教师还需要具备跨学科思维和创新能力，能够灵活运用不同学科的知识和方法来解决音乐教学中的问题。此外，音乐教师还应注重自身跨学科素养的提升，不断拓宽知识面，增强跨学科教学的自信和底气。

除了提供专门的培训外，教育部门还应鼓励音乐教师积极参与跨学科教研活动。首先，可以组织定期的跨学科教学研讨活动，邀请不同学科的教师共同探讨如何有效地将音乐融入其他学科的教学。其次，可以开展跨学科教学观摩活动，让音乐教师观摩其他教师的成功教学实践，学习借鉴他人的教学方法和策略。此外，还可以建立跨学科教学交流平台，让音乐教师能够随时分享自己的教学经验和心得，促进彼此之间的交流和学习。通过这些活动的开展，可以激发音乐教师的积极性和创造力，推动跨学科融合教学在小学音乐教育中的深入发展。

（二）整合各学科课程资源

在音乐教育中，整合课程资源是实现跨学科融合教学的关键步骤。为了构建更加生动有趣的音乐课程，音乐教师应积极与其他学科教师合作，共同开发跨学科音乐课程资源。

音乐教师可以与文学教师合作，将音乐作品与文学作品相结合，让学生在欣赏音乐的同时，也能深入理解和欣赏相关的文学作品。例如，通过介绍与音乐作品相关的诗歌、散文或小说，帮助学生更好地理解音乐背后的情感和意境。

同时，音乐教师还可以与历史教师合作，将音乐作品放置在特定的历史背景中，让学生了解音乐作品产生的历史背景和时代特征。这样不仅能增加音乐课程的历史文化内涵，还能帮助学生更好地理解和欣赏音乐作品。

在整合课程资源的过程中，音乐教师应创新教学方法和手段，使音乐课程更加生动有趣。可以采用项目式学习情境式学习等教学模式,让学生在实践中体验音乐的魅力。同时,利用多媒体技术、网络资源等现代教学手段,丰富教学内容和形式,激发学生的学习兴趣和积极性。

三、跨学科拓展教学的意义

在小学音乐学科大单元教学改革与实践的征程中,跨学科拓展教学的探索与实施,不仅契合教育发展的时代需求,更在现实与教育层面展现出深远的价值。它能突破学科界限,融合多元知识,为学生打造全方位、多层次的学习平台,有效提升学生的综合素养与创新能力,助力学生在知识的交叉融合中实现思维的拓展与能力的跃升,为培养适应未来社会发展的复合型人才奠定坚实基础,彰显出独特的教育魅力与实践意义。

1. 凸显学生主体性

在整个教学过程中,始终以学生为中心,关注学生的需求和兴趣。通过丰富多彩的活动和游戏,激发学生的学习兴趣和积极性,使他们在轻松愉快的氛围中学习音乐。

2. 强化实践性教学

通过亲身参与和实践,如乐器模拟、歌曲创作等,使学生深刻体验音乐的魅力,并锻炼了实践能力。例如,通过模仿乐器的演奏姿势和声音,学生更加深入地了解乐器的特点和演奏方法。

3. 培养创新性思维

在教学过程中,鼓励学生发挥想象力和创造力,为歌曲编创歌词和动作。这种创新性的思维训练有助于培养学生的创新意识和实践能力。

4. 融合跨学科深度

注重音乐与其他学科的整合,如文学、历史、美术等。通过跨学科的学习,学生不仅了解了音乐的文化背景和历史渊源,还提升了综合素养和跨文化交流能力。

例 以人音版二年级上册第八课"小拜年"教学设计为例

【教材分析】

　　本课是人音版二年级上册的最后一个单元,临近年末,与中国喜迎春节浓浓的年味密切相关,围绕"新年好"为主题。依据《艺术课程标准》中的课程理念,紧紧围绕音乐学科核心素养进行教学设计,《小拜年》《过新年》两首歌曲的安排以及聆听作品《窗花舞》和管弦乐《晚会》,让学生从聆听和表现中国风格的音乐作品体验中,感受"年"文化的魅力,引导学生在多种审美实践活动中增强学生的艺术表现力以及文化自信,培养音乐核心素养,激发学生热爱中国传统文化——"闹新春"的民俗音乐文化。在学习过程中也加入锣、鼓、镲等打击乐器,进一步了解打击乐器的音色以及演奏方法。其中演唱作品选编的《小拜年》是一首二拍子歌曲,曲调为湖南花鼓调特点,速度稍快,五声徵调式,表现了人们舞狮子、载歌载舞过新年的欢乐场面。

《新年好》

单元目标
1. 能用饱满、热情的声音演唱歌曲《新年好》和《小拜年》,背唱《小拜年》。
2. 能用肢体语言和打击乐器,表现乐曲《窗花舞》(片段)和《晚会》所表现的热闹场景。
3. 能根据简易打击乐器的音色准确分类,和同学合作打击乐合奏练习。

课时分配
第一课时——演唱《小拜年》。
第二课时——聆听《窗花舞》。
第三课时——演唱《过新年》。
第四课时——聆听《晚会》。

关联与层次感
第一课时初步感受过新年的热闹气氛,通过拜年这一习俗,引导学生感优秀传统文化。
第二课时深入体验情感与场景,通过模仿剪窗花、贴窗花等动作,感受新年的氛围。
第三课时通过设计音乐律动、加入锣、鼓、镲打击乐器,带领学生深入了解过新年。
第四课时认识贺绿丁,通过图片记住音乐家,通过动作模仿乐器,整个单元由浅入深,层次递进,形成完整的学习体系。

【学情分析】

二年级的学生以形象思维为主，其好奇、好动，模仿能力强、嗓音自然、形体灵巧，有较强的表演欲望。所以在本节课的教学设计中，笔者采用直接贴窗花、贴对联的创设情境方式导入，再结合歌、舞、图片、打击乐器相结合的教学手段，通过听、唱、动、创等系列的综合音乐实践活动，进行直观教学，结合实际生活能激发学生对音乐的学习兴趣，引导学生用心聆听、感受快乐。让学生在音乐的课堂上得到充分的展示。

【教学目标】

1. 在模仿舞狮子等音乐活动中感受湖南花鼓调的风格韵味及过年习俗。

2. 学生能用欢快、活泼的声音演唱歌曲《小拜年》，感受音乐所表达的过新年热闹氛围。

3. 准确演唱歌曲中的附点八分音符，并能用锣、鼓、镲打击乐器参与表现歌曲。

4. 学习湖南话，深入理解中国音乐文化的多样性，提高民族团结的意识。

【教学重难点】

教学重点：学生能用欢快、活泼的声音演唱歌曲《小拜年》，感受音乐所表达的过新年热闹氛围。

教学难点：准确演唱歌曲中的附点八分音符，并能用锣、鼓、镲打击乐器参与表现歌曲。

【教学准备】

电子琴、多媒体、礼炮、灯笼以及锣、鼓、镲、双响筒打击乐器。

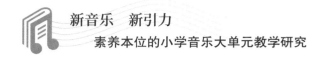

【教学评价设计】

表6-1　评价表

评价项目	评价标准	自评	师评	生评
知识获取	能用欢快的情绪演唱歌曲	★★★★★	★★★★★	★★★★★
能力提升	能自制乐器为歌曲伴奏，乐器制作精美、有创意	★★★★★	★★★★★	★★★★★
学习态度	能主动聆听、参与音乐实践活动	★★★★★	★★★★★	★★★★★
学习方法	通过自己思考或小组合作自行探究学习	★★★★★	★★★★★	★★★★★
价值观念	认识到传统节日的重要性，要继承和弘扬	★★★★★	★★★★★	★★★★★

【教学过程】

一、创设情境——感知中国年

（一）展装饰，说春节

1. 组织教学，师生问好。

2. 介绍春节，创设情境。教师展示窗花、对联、福字等新春装饰物询问同学们想到了我国哪个传统节日？在学生回答是春节后，教师介绍春节是我国最隆重、最富有特色的传统节日，中国人过春节已经有4000多年的历史了，这是我们每年最期待的传统节日之一，你们家过年都有哪些习俗呢？

3. 师生相互交流：放鞭炮、吃饺子、踩高跷、扭秧歌、相互拜年等。

（二）展红包，揭课题

1. 教师展示教具——红包，并问学生在过年时会通过什么样的方式能收到红包？学生回答拜年后，教师介绍拜年是春节期间的传统习俗，一般是晚辈向长辈叩岁，感谢长辈这一年的养育之恩，然后会收到一个红包，祝福我们在新的一年健康吉利、平平安安。

2. 揭示课题：今天就让我们一起用音乐的方式感受拜年这一传统习俗，歌曲名字叫做《小拜年》。

【设计意图】在教师有序的组织下，师生问好，教师通过展示窗花、对联等教具创设春节情境,激发兴趣,带领学生感知中国年,引导学生了解春节这一传统节日,继而引出拜年红包,激发学生兴趣,揭示课题。

二、舞狮律动——体验中国年

(一)聆听歌曲,真热闹

1.教师引导学生初次聆听《小拜年》,听一听歌曲的气氛是怎样的?（欢快、热闹）

2.激发学习兴趣,营造活跃氛围。

师:"在这喜庆的日子里,你们想不想拆开这个红包呀?"（生:想）随后通过课件出现卡通狮子语音,揭示游戏任务和规则:四个小任务,每完成一个就会获得1个小红包,最后这4个小红包会换取一个大红包。

3.第一个任务:听歌曲演唱内容。

师:"歌曲里的小朋友和你们有着一样的心情,他们是来自哪个地区呢?他们过年时的风俗习惯有什么呢?"待学生说出答案是湖南后,教师提问:"谁的小耳朵听出湖南小朋友过年时会做什么?"学生回答舞狮子、耍龙灯后课件出现获得小红包的画面。

(二)律动表演,舞狮子

1.播放微课:介绍春节和舞狮子场面,营造节日氛围。

2.展示舞狮道具,邀请学生上台模仿体验,教师分别带领舞狮同学和其余同学学习不同的律动表演动作。

3.第二个任务:师生模仿表演舞狮。

4.完成任务,出示红包。

(三)敲锣打鼓,迎新年

1.第三个任务:聆听歌曲,找找乐器的声音。

师:"歌曲中出现了哪个乐器的声音?出现了多次?"学生听辨出是"咚咚锵",是打击乐器锣、鼓和镲的声音。

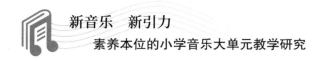

2. 邀请同学上台尝试演奏，师生共同总结三个乐器的音色特点。并通过小游戏"我的耳朵最灵敏"来巩固复习，规则是：请三位同学来演奏乐器，台下的同学们闭上眼睛，当听到哪个乐器发出响声时，快速的判断并说出乐器名称。

3. 教师提问：为什么过新年时要敲锣打鼓？（驱赶年兽），如果再加上点节奏就会更有气势！接着课件呈现的节奏图谱，教师带领学生用自己的身体作为打击乐，练习节奏。

4. 歌曲中的难点节奏：附点八分音符学生通常不整齐，教师通过提问谁放过"窜天猴"？学生模拟回答以此来形象地理解。

5. 学生打击乐器加入锣鼓镲为歌曲配伴奏，同时完成第三个任务。

【设计意图】初次聆听歌曲，培养学生认真聆听歌曲的好习惯，感受歌曲热闹欢快的情绪。通过听辨歌曲中小朋友舞狮子的拜年方式，带领学生模仿舞狮子动作，在深入感受过新年传统习俗时，又加深对歌曲旋律的印象，为后面的学习作铺垫。为解决歌曲中节奏难点，形象地用"窜天猴"的鞭炮声引导学生理解，随后演奏锣鼓镲的同学在前方表演，其余学生声势演奏。

三、趣味唱游——唱响中国年

（一）练气息，熟乐句

教师带领学生调整状态，用"si"进行腹式呼吸，在气息正确之后演唱歌曲中的旋律。

（二）画旋律，唱音符

1. 带着问题进行分句模唱：歌曲唱到了哪几个音符？学生回答后以挂灯笼的游戏方式将5613这四个音符在黑板上按照音的高低进行排列。

2. 教师顺势将其与过新年时的鞭炮声联系，引导学生理解此起彼伏的鞭炮声就表示歌曲的旋律起伏较大。

3. 教师带领学生画旋律线，用lu模唱旋律。

（三）读歌词，拍节奏

教师敲击双响筒，带领学生轻声高位置朗读歌词，朗读过程中重点关注附点八分节奏，适当进行反复练习。

（四）唱歌曲，庆新年

1. 教师范唱，学生观察教师的表情、声音和情感，为后面的学唱做准备。

2. 教师带领学生跟琴分句演唱，重点学习附点音符乐句。"请你仔细听一听，老师在哪个字唱的更强更长一些呢？你找到了吗？"引导学生在"狮"字和"拜"字演唱的时候要唱的长一些。

3. 师生接龙演唱。学生唱蓝色区域，教师唱其余部分。

4. 第四个任务：完整有感情地演唱《小拜年》，教师引导学生调整表情，声音，共同跟随音乐完整演唱歌曲。

5. 完成任务，收获最后一个小红包后出现大红包，由学生点击屏幕拆红包——揭示内容：在老师的带领下举行一场新春晚会。

【设计意图】通过发声练习、哑唱、轻声演唱、加入强弱变化，师生合作表演，循序渐进的按照教师要求学唱歌曲，递进深入。过程中以挂灯笼的游戏方式将5613这四个音符在黑板上按照音的高低进行排列，此时学生能直观地看到音符的高低差异较大，便能理解歌曲的旋律起伏较大，符合二年级学生的形象思维，最后借助旋律线图形谱，直观、动态地帮助学生感受旋律的起伏变化以及情感变化，有助于准确演唱歌曲旋律。

四、载歌载舞——品味中国年

1. 教师介绍新春晚会不同角色——旁白、贴窗花、贴对联、贴福字、挂灯笼、放礼炮各1人，演奏鼓：1人；锣：1人；镲：1人；表演舞狮子：2人。

2. 分组自由排练。

3. 师生共同演绎欢乐的新春晚会。

【设计意图】通过设计"新春晚会"情景剧表演，融入民俗舞狮子、动作创编、打击乐器伴奏的形式，让学生在相互配合中表现歌曲。此环节充分体现了新课标对 1 至 2 年级唱游音乐提出的"情境表演"的学习任务，从而提升学生的音乐核心素养能力。

五、拓展延伸，学习方言

1. 教师用湖南话范唱歌曲，引导学生听辨不同。

2. 教师介绍这首《小拜年》是一首湖南花鼓调歌曲，与歌曲中的舞狮子呼应，带领学生用长沙方言尝试读一读歌词，然后用有趣的长沙方言再来唱一唱。

【设计意图】尝试用湖南话学唱歌曲，深入感受湖南花鼓调特点，与歌曲中的舞狮子呼应，引导学生知道舞狮子是湖南人民过年时常有的文化习俗，帮助学生深入理解中国音乐文化中的多样性，增强民族团结的意识。

六、课堂小结，布置作业

师生共同总结本节课收获，教师引导同学们要善于去发现中华民族的传统文化，并将之弘扬，布置课时作业。

【设计意图】课堂总结体现了课程思政，布置的课下作业也激发了学生探索自己的创造表现能力。

（天津市滨海新区塘沽未来学校　耿艺元）

在跨学科整合的学习模式下，学生深入探究音乐与其他学科的内在联系与相互作用，从而拓宽知识边界。这种跨学科的知识拓展不仅丰富了学生的认知结构，更有助于其构建起全面、系统的知识体系。学生在多元学科的交融中，能够培养跨领域的思维能力与综合应用能力，进而全面提升综合素养，为其未来的学习与成长奠定坚实而宽广的基础，使其具备在复杂情境中解决问题的综合能力。

第七章

小学音乐大单元教学实践中的
挑战与应对

　　大单元教学模式的创新实践，为小学音乐教育领域教学质量的飞跃性提升开辟了崭新路径，同时也为我国小学美育事业的发展指明了前行方向。在当前教育改革的浪潮中，我们仍面临着诸多亟待攻克的难关。教师教学观念的整体革新是基础，需摒弃传统教学理念的束缚，树立以学生为中心的现代教育观；教育教学资源的优化与共享是关键，要打破资源壁垒，实现优质资源共享，为教学提供丰富素材；尊重学生个性差异与实施个性化教学是核心，要因材施教，满足不同学生的学习需求；教育评价体系的综合转型与提升是保障，要构建多元化、发展性的评价体系，全面衡量学生发展。

　　展望未来的小学音乐教育教学，我们必须紧跟课程教学标准的新要求，深度挖掘大单元教学模式的潜力，充分发挥其在整合教学内容、优化教学流程、提升教学效益等方面的优势，全方位提升学生的音乐素养与综合素质。通过持续探索与全面突破，使小学音乐教育在新时代背景下焕发出蓬勃生机，为学生的全面发展与终身成长奠定坚实而宽广的美育基石。

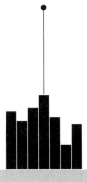

第一节

教师观念的转变：从知识传授到素养培养

对于教师而言，大单元教学要求教师具备更高的专业技能素养与教学创新能力，教师需深入研究音乐教材与课程标准，精准把握大单元教学的核心要义，善于挖掘音乐知识背后的情感与文化价值，将其巧妙地融入教学活动之中。同时，教师还需具备灵活的教学设计能力与课堂组织能力，根据学生的学习需求与实际情况，创设丰富多样的教学情境，引导学生积极主动地参与音乐学习与实践活动。在小学音乐课堂中，教师可以通过组织音乐主题活动、开展小组合作学习、引导学生进行音乐创作与表演等方式，激发学生的学习兴趣与创造力，让学生在音乐学习中收获快乐与成长。

一、教师转变教学观念的必要性

教师观念的转变是首要难题，传统的教学模式根深蒂固，部分教师可能对大单元教学的理解不足，仍倾向于线性的、碎片化的教学方式，这限制了音乐教学的整合与深化。

在教育的转型中，从专注教材教学转向重视教育价值的实现，是落实"立德树人"根本任务、"发展学科核心素养"目标及"深化课程改革"方向的关键途径。新课标理念下的大单元设计，成为实现这些教育目标的必然选择。小学音乐学科采纳大单元教学观念，要求教师构建起相互联系的知识网络，实现从"使用教材"

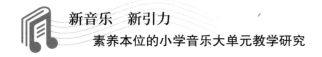

到"教授教材"的转变。这种教学观的实践，不仅符合新课标的要求，也为学生的全面发展奠定了坚实的基础。

二、教师转变教学观念的具体措施

（一）深入解读教学主题

现行小学音乐教材的编排凸显人文性和生活性，贴近学生实际生活经验，契合"主题—探究—表达"的教学方式。教师以此为基础实践"大单元"教学，将乐理知识和音乐技能作为教学主线，将教学内容和教学逻辑作为探索规律，有助于增强教学效果。

教师可以将不同音乐作品中的不同生活感受作为该单元赏析主线，引导学生感受音乐要素，使其掌握鉴赏音乐的基本技能，学会正确运用乐理知识进行音乐评价，从而构建完整的音乐知识框架。该单元基本知识框架可以梳理成以下几个方面：其一，认识旋律的不同特点；其二，了解节拍对情绪表现的意义和作品情感的表达方式；其三，描述这些音乐带来的感受，体会音乐带来的乐趣。

在主题线索的引导下，教师要对该单元进行深入解读，梳理课程内容和编排结构，解决"教什么""怎么教"的问题。首先，教师要厘清主题关键，找到作品间的关联点，整体把握单元结构；其次，教师要结合学生实际水平和多元化教学资源合理安排教学策略，加入类似题材的作品进行对比拓展；最后，教师要围绕主题查漏补缺，完成教学任务。

（二）扎实推进教材研读

大单元教学需紧密依托教材展开，故而教师在教学筹备阶段应全力做好前置工作。音乐课程涵盖知识丰富多样，不同音乐作品在情感表达与知识呈现上差异显著。教师若对教材内容把握不准，教学成效势必大打折扣。因此，教师需全面深入了解教材中的作品编排布局、知识架构组成等要素，以此构建起契合教学实际的科学合理教学目标，精准明确教学任务，为大单元教学的顺利实施筑牢根基。

（三）有针对性设计教学任务

基于对单元主题的深入解读和内容结构的梳理，教师要进一步分析学情，了解学生的发展情况。在对教学目标进行细化设计时，教师要结合学生目前的学习水平，引导学生循序渐进地达成单元教学目标。大单元学习必须具有系统性、目标性和层次性，教师的课程安排不能仅着眼于知识体系的构建，还应充分关注学科核心素养和单元知识的连贯性。如人音版五年级下册第一单元"春景"进行了小目标的分解和梳理，以凸显目标层次，编排相关教学任务。

（四）深度剖析音乐作品

各类音乐作品在歌唱技巧、音乐元素、调性、风格特征、情感表达以及内在价值观等方面均展现出显著的独特性。在核心素养导向下开展音乐大单元教学时，教师务必对音乐作品进行深度挖掘与剖析。每一首音乐作品都犹如一座知识宝库，其中众多知识点相互关联、彼此巩固，共同构建起一个有机的知识体系。

 以人音版五年级下册第一单元"春景"教学设计为例

"春景"单元选编钢琴独奏《致春天》、柳琴曲《春到沂河》，歌曲《小鸟小鸟》《春雨蒙蒙地下》，拓展了管弦乐曲《春之声圆舞曲》、歌曲《上春山》、琵琶独奏《春到沂河》等音乐作品，引领学生感受春天的美好景象，共四学时。《致春天》是挪威作曲家格里格创作的一首关于春天的钢琴抒情小品，教学中展开深度解析，乐曲为单三段体结构，A段情绪柔美、质朴，速度较慢，节奏舒展，富有北欧风格；B段与A段对比鲜明，速度变快，节奏紧凑，表现了低沉而富有动力性的音调；A1段是A段的变化再现。整曲描绘了春天降临大地，人们喜悦激动的情景。引领学生感受乐曲《致春天》，体会旋律特点，感受丰富的节奏变化以及细腻的情感表达，通过完整聆听，充分调动学生的听觉感官与内心想象，获得初步的审美体验。在分段聆听过程中，通过模唱主题旋律、画旋律线、打节奏、模仿弹琴，感

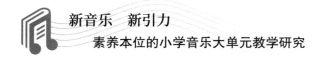

受速度、节奏变化，提升学生对音乐作品的分析和理解能力。通过梳理音乐作品，填写表格，明确乐曲结构和音乐特点，帮助学生深入的理解作品，提升学生的音乐素养。

段落	旋律	速度	节奏	情绪	想象情景
第一部分	主题出现2次	稍慢	舒展	平静、舒缓	冰雪融化，万物复苏
第二部分	低沉有力	渐快	紧密	激动、迫切	春风拂面，杨柳飘荡
第三部分	第一部分的变化重复	稍快	紧凑	热烈、欢畅	生机勃勃，春暖花开

（天津市滨海新区塘沽宁波里小学　宋雨新）

（五）拓展延伸课程效果

在小学音乐教育领域，教师应以新课程标准为引领，精心设计大单元教学方案。这要求教师深入剖析学生实际学情，充分考量其身心发展规律，从而创新教学方式方法。教师需对教材内容进行宏观的整体把握，打破传统章节限制，实现知识的有机整合与系统重构，构建起科学、合理、高效的教学体系。

在此过程中，教师应积极营造民主、开放、互动的教学氛围，鼓励学生以积极主动的姿态投身于教学全过程，从知识的被动接受者转变为积极的探索者与创造者。通过多样化的教学活动，如小组合作、项目探究、情境模拟等，激发学生的学习兴趣与内在动力，培养其自主学习能力、合作精神与创新思维。

最终目标是形成一个涵盖教学目标、内容、评价等多维度的大单元实践教学体系。该体系不仅明确了教学的起点与终点，更注重教学过程的动态监测与反馈调整，确保教学活动的科学性、针对性与实效性。通过这一全方位、系统化的教学体系的构建与实施，全面提升学生的音乐素养，促进学生在知识、能力、情感等多方面的协调发展，为学生的终身学习与成长奠定坚实基础，推动小学音乐教育事业迈向高质量发展的新阶段。

（六）支持教师职业发展

在提升小学音乐教育质量的进程中，为音乐教师提供持续的专业发展支持至关重要。首先，依据科学严谨的评价结果，精准定位教师在专业素养与教学能力方面的需求，为其量身定制针对性的培训计划。这些培训机会应涵盖音乐教育理论前沿、教学方法创新、教育技术应用等多个维度，助力教师不断更新教育理念、拓展知识边界、提升教学技艺，从而在教学实践中更精准地满足学生的学习需求，引领学生在音乐学习的道路上稳步前行。

其次，搭建一个高效、开放的音乐教师交流平台，打破地域与校际限制，促进教师之间的深度交流与合作。在这个平台上，教师可以分享教学心得、交流教学困惑、展示教学成果，通过思想的碰撞与经验的共享，汲取同行智慧，拓宽教学视野，共同探索音乐教学的优化路径，携手提升音乐教学的整体水平，形成良好的教育生态，为音乐教育事业的持续发展注入强大动力。

此外，积极鼓励并支持音乐教师投身于教学研究活动，是推动音乐教育创新发展的重要举措。教师应以教学实践中的实际问题为导向，深入探究音乐教学的内在规律与有效方法，勇于尝试新的教学模式与评价方式。学校与教育管理部门应为教师的教学研究提供必要的资源与政策支持，如设立研究专项基金、组织学术研讨会、提供研究实践保障等，激发教师的研究热情与创新活力。通过教学研究的深入开展，不仅能够提升教师自身的专业成长，还能为音乐教育的理论与实践创新贡献智慧与力量，引领小学音乐教育向着更高层次、更高质量的方向发展，为培养学生的音乐素养与综合能力奠定坚实基础。

综上所述，新课标背景下，小学音乐教学应实现从"知识本位"向"素养本位"的转变。大单元教学模式有助于学生核心素养的实质性提升，通过把握音乐知识与技能与其核心素养之间的内在联系，促进学生参与高质量的音乐实践探究，进而增强音乐表达能力。因此，教师需积极更新教育理念，深刻理解小学音乐单元教学的价值，优化教学策略，以促进学生进行高效的音乐学习。

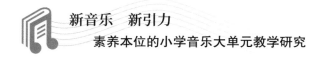

第二节

教学资源的优化：科技赋能与资源共享

《教育部等五部门关于大力加强中小学线上教育教学资源建设与应用的意见》中指出，将信息技术在教育教学中的融合应用作为推进"教育＋互联网"、深化基础教育育人方式改革、加快推进教育现代化的重大战略工程，加强系统谋划，加大工作力度。完善线上教育教学资源建设与应用保障体系，提高基础教育应对重大突发事件能力；积极推进教育服务供给方式变革，更好地服务课堂教学，服务学生自主学习，满足人民群众新时代教育需求，缩小城乡教育差距，大力促进教育公平，全面提高基础教育质量，加快推进教育现代化。数字化是引领未来发展的新浪潮，教育与数字化的碰撞，必将推动教育发生深刻变革。数字技术聚合了分散的优质资源，突破了传统教育的时空限制，进一步推动教育公平；人工智能等新技术的出现，助力智慧教育驶入发展快车道……科技力量正在重塑未来教育格局。

教学资源的整合与优化是一项艰巨的任务，大单元教学要求教师跨越单一知识点的局限，构建起知识网络，这需要丰富的教学素材和精心设计的教学活动。然而现有的教学资源并未充分考虑到大单元教学的需求，可能导致教师在实践中感到束手无策。

一、积极利用科技赋能

在提升小学音乐教育质量的进程中，为音乐教师提供持续的专业发展支持至关重要。首先，依据科学严谨的评价结果，精准定位教师在专业素养与教学能力方面的需求，为其量身定制针对性的培训计划。这些培训机会应涵盖音乐教育理论前沿、教学方法创新、教育技术应用等多个维度，助力教师不断更新教育理念、拓展知识边界、提升教学技艺，从而在教学实践中更精准地满足学生的学习需求，引领学生在音乐学习的道路上稳步前行。

其次，搭建一个高效、开放的音乐教师交流平台，打破地域与校际限制，促进教师之间的深度交流与合作。在这个平台上，教师可以分享教学心得、交流教学困惑、展示教学成果，通过思想的碰撞与经验的共享，汲取同行智慧，拓宽教学视野，共同探索音乐教学的优化路径，携手提升音乐教学的整体水平，形成良好的教育生态，为音乐教育事业的持续发展注入强大动力。

此外，积极鼓励并支持音乐教师投身于教学研究活动，是推动音乐教育创新发展的重要举措。教师应以教学实践中的实际问题为导向，深入探究音乐教学的内在规律与有效方法，勇于尝试新的教学模式与评价方式。学校与教育管理部门应为教师的教学研究提供必要的资源与政策支持，如设立研究专项基金、组织学术研讨会、提供研究实践保障等，激发教师的研究热情与创新活力。通过教学研究的深入开展，不仅能够提升教师自身的专业成长，还能为音乐教育的理论与实践创新贡献智慧与力量，引领小学音乐教育向着更高层次、更高质量的方向发展，为培养学生的音乐素养与综合能力奠定坚实基础。

（一）有效促进教学方式发展

在数字化浪潮的强势冲击下，传统课堂教学模式正经历着前所未有的颠覆与重塑。教育转型的持续深入推进，催生了一系列创新理念、教学形态与教学模式的涌现。这些新兴的教学元素，对教学手段与方法的革新提出了更为迫切的要求，亟须借助更多新颖、高效的手段与方法来实现其落地生根与有效实施。

在此背景下，搭建科技创新与小学音乐教育之间的桥梁显得尤为关键且迫切。通过这一桥梁，能够促使前沿技术如人工智能、大数据、虚拟现实（VR）、增

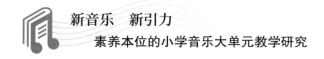

强现实（AR）等及时、精准地触达小学音乐课堂，为大单元教育教学的全方位提升注入强大动力。这些前沿技术不仅能够丰富音乐教学的呈现形式，为学生带来沉浸式、互动式的音乐学习体验，还能精准捕捉学生的学习数据，为教师提供个性化的教学反馈，助力教师优化教学策略，实现精准教学。同时，科技创新还能打破传统教学资源的局限，拓展教学内容的深度与广度，使小学音乐教育在科技赋能下，突破时空限制，实现资源共享与协同创新，从而在教育转型的新征程中，引领小学音乐教育迈向高质量、个性化、智能化的发展新阶段，为学生的音乐素养提升与全面发展提供坚实有力的支撑。

（二）实现个性化学习和终身学习

中国古代思想家教育家孔子在两千多年前就提出了"有教无类、因材施教"的教育思想，但有限的教学资源使得这种教育理想难以真正实现，教师和学生都缺少足够的个性化选择。在 AI 时代，通过对学习者学习行为和日志数据的智能分析，根据其基础、能力、兴趣和需求，AI 学习工具能够为其提供个性化的学习路径、学习内容、学习建议以及多样化的学习资源，极大地提高学习深度和效率。AI 辅助备课工具还能够将教师从原先的课程准备、资源建设和知识灌输中解放出来，让教师把更多精力用于对学生的引导、启发以及面对面交流，做到言传身教、启智铸魂。此外，AI 工具通过深度学习和强化学习算法，实时分析学习者的行为和数据，自动调整学习路径、内容和节奏，每一位学习者都将拥有一位永不休息的智能导师 / 学伴，可以随时随地进行导学、提问、互动和练习。

（三）推动复合型创新型人才培养

随着人工智能技术的进步，尤其是生成式人工智能的显著发展，教育创新领域迎来了前所未有的机遇。在小学音乐大单元教学中，AI 技术的广泛应用预示着教学资源的极大丰富和获取便捷性的提升。未来的智能化数字教材，通过多主体共建、实时生成和拓展推荐，将极大地拓展教学内容和形式。AI 构建的跨学科知识图谱能够清晰地揭示学科间的潜在联系，辅助学习者迅速定位关键知识，并为探索学科交叉路径提供可能,从而显著降低获取跨领域知识的门槛。

在 AI 时代,教学和学习的内容及方式将经历根本性的变革。相较于知识的数量和技能的熟练度,高阶创新思维和知识整合运用能力将变得更为重要。部分教学任务预计将由 AI 承担,而知识学习、推理运用和技能应用等方面将得到 AI 的有效辅助,甚至某些职业角色可能面临 AI 的替代。这一趋势要求教育体系根据能力目标进行重新设计,课堂教学将不再局限于单一学科知识的传授,而是在教师指导和 AI 工具的支持下,着重于培养学生的创造性思维、跨学科知识的理解与应用,以及解决复杂实际问题的能力。在小学音乐教学中,这意味着教师需借助 AI 技术,引导学生探索音乐与其他学科的融合,激发学生的创新潜能,培养其综合素养,以适应未来社会的发展需求。

(四)保障教育资源与教育公平

发展数字教育对于推动教育公平、提升教育质量以及构建一个全民学习、处处可学、时时能学的学习型社会具有至关重要的意义。在小学音乐大单元教学中,深入探索大数据和人工智能等技术在教育领域的应用,对于加强大数据在教育教学中赋能作用、满足师生个性化需求,以及推动音乐教学模式的发展具有显著影响。

教育数字化的核心不仅在于将教育资源普及至每个人,更在于这些资源能够适应每个人的学习需求和成长路径。在此过程中,为了确保教育数字化的顺利实施,需要教育界、政府、企业等各方的共同努力,以促进教育公平,缩小城乡之间在教育数字化方面的差距。在大单元音乐教学中,数字化教育的推进将有助于提供更为丰富和个性化的学习体验,从而激发学生的学习兴趣,提升教学效果,实现音乐教育的全面发展。

具体而言,学校得以配备专业的音乐教学设备,如智能音乐工作站、高品质音响系统、电子乐器等,为音乐教学提供了坚实的物质基础。同时,借助科技应用的支持,教师能够熟练运用各类数字化教学平台与工具,开展线上教学、远程协作、虚拟音乐创作等活动,极大地丰富了教学手段与方法。学生也能够在数字化

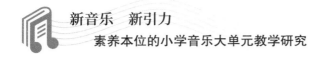

环境中，自主探索音乐知识，参与互动式学习，培养创新思维与实践能力。

这一合作的实施，有效提升了师生的信息技术应用能力，使教师能够更加灵活地运用技术手段优化教学设计，提高教学效率；学生则能够在信息技术的辅助下，更加积极主动地参与到音乐学习中，提升学习效果。此外，合作还激发了师生的创新意识，鼓励他们在音乐教学与学习过程中大胆尝试新的方法与理念，开展创新实践活动，为音乐教育的创新发展注入了新的活力。通过这种合作，音乐教育资源薄弱的学校有望逐步缩小与优质学校之间的差距，实现教育公平与质量提升的双重目标，为学生的音乐素养发展创造更加有利的条件。

二、大力推动资源共享

在当今教育改革与发展的关键时期，进一步推动数字化技术的发展与普及，已成为解决教育领域诸多问题的核心关键。为了实现教育的公平性与高质量发展，必须依托更加均衡、充分的数字技术支持，构建一个全方位、多层次、智能化的教育生态系统。

数字化技术的均衡发展是保障教育公平的基石。通过优化资源配置，确保不同地区、不同层次的学校能够平等享受到先进的数字化教学设备与优质的在线教育资源，从而缩小城乡、区域之间的教育差距，让每一个学生都能站在同一起跑线上，享有公平的教育机会。同时，充分的数字技术应用是提升教育质量的有力引擎。借助大数据分析，精准把握学生的学习需求与特点，为个性化教学提供科学依据；利用人工智能辅助教学，实现教学内容的精准推送与学习过程的智能辅导；依靠虚拟现实（VR）、增强现实（AR）等技术，打造沉浸式、互动式的教学场景，激发学生的学习兴趣与创造力，全面提升教学效果。

此外，数字化技术的普及还能够促进教育资源的优化整合与共享，打破传统教育的时空限制，实现优质教育资源的跨区域流动与高效利用。教师可以通过在线教研平台，开展跨校、跨地区的教学研讨与经验交流，提升自身的教学水平与专业素养；学生则能够突破校园围墙，接触到更广泛的知识领域与更丰富的学习资源，拓宽视野，增长见识。总之，以更均衡、充分的数字技术为支撑，将进一步推动教育公平与质量的双提升，为培养适应未来社会发展的创新型人才奠定坚实基础，助力教育事业迈向高质量发展的新征程。

（一）小学教学资源共享的重要意义

首先，共享资源可以提高教学质量。不同学校拥有各自的教学资源，通过共享，学校可以相互借鉴和汲取优秀的教学方法和经验，有效提升教师的教学水平和学生的学习成果。其次，共享资源可以节约成本。小学教学资源的开发和购置需要投入大量资金，通过共享可以减少重复投入，实现资源的高效利用。最后，共享资源可以促进教育公平。一些教育资源丰富的学校可以将自己的资源与资源匮乏的学校进行共享，从而弥补资源不平衡带来的教育差距，提升教育整体水平。

其次，培养学生的信息素养、合作与共享意识以及问题解决能力。通过学习共享资源途径，学生将提高获取、评估和管理信息资源的能力，培养在数字化环境中有效沟通与协作的习惯，同时增强对网络安全和知识产权的认识，为未来在信息社会中的学习和生活打下坚实基础。

（二）小学教学资源共享机制的实施方式

在实施小学音乐大单元教学的过程中，根据具体情境采取多样化的资源共享方式至关重要。一方面，可以构建教育资源平台以促进资源共享。该平台能够提供教学课件、教学设计和教学视频等资源的上传与下载服务，从而方便教师之间的资源交换与交流。另一方面，通过建立校际合作学习群体，学校可以与其他学校联合形成资源共享的网络。通过定期举办教师交流会议、教学观摩等活动，此举将有效增进教师间的资源共享与合作。

此外，通过专家指导和师资辅导等途径，可以引导教师主动分享个人教学资源，进而营造积极的资源共享氛围。在小学音乐大单元教学中，这种资源共享不仅限于静态的教学材料，还包括教学理念、教学方法等动态经验的交流。通过这

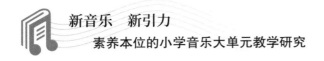
些方式，教师能够相互学习、共同成长，从而提升音乐教学的整体质量和效果。

三、科技赋能与资源共享的创新路径

作为推进教育高质量发展的重要抓手，教育数字化除了技术和设备上的提升，更是意识和组织上的转变。随着智慧校园、智慧教室的数量不断增多，教育数字化早已渗透到教学研、管、评各个层面，如何全面推进教育数字化转型、让技术和教育教学深度融合，这是作为一线教师和教学管理者共同需要思考的问题。

（一）坚持育人为本

在小学音乐大单元教学实践的探索与推进中，首要遵循的原则是契合学生身心发展的自然轨迹与教育的内在规律。教学活动应始终围绕学生成长这一核心目标展开，秉持全面培养的理念，兼顾德育、智育、体育、美育与劳动教育的有机融合。致力于营造一个既适宜学生全面成长，又能精准满足其多样化学习需求的音乐学习环境，使学生在音乐的熏陶下，不仅提升音乐素养，还能在德、智、体、美、劳各方面均衡发展，为其终身学习与全面发展奠定坚实基础，真正实现教育的育人宗旨与价值追求。

（二）提升教师教学数字化水平

在小学音乐大单元教学实践的深化进程中，教育质量的提升关键并非单纯依赖于"硬件"设施的完善，而更在于"软件"——教师专业素养与教学能力的持续优化。教师作为教育活动的核心引领者，其专业水平直接决定了教育的高度与质量。因此，亟须构建新一代智能化教师研修平台，将传统的讲授式视频培训模式转型升级为更具实践导向的改进性研修，使研修活动紧密嵌入实际教育教学工作流程，开展场景化、沉浸式的研修项目。

教师应在真实的教育教学场景中进行研修与持续改进，这要求新一代智能化教师研修平台聚焦于教师的学习、备课等核心业务环节，具备多模态数据的智能全面采集能力，能够对教师的教育教学能力进行精准诊断分析，并据此提供个性

化的学习资源智能推荐。通过这些功能的集成，平台将助力教师成为数字化时代数字工具的熟练使用者，以及数字化学习产品的积极创造者，进而构建起一个以学习者为中心的数字教育生态系统。在这一生态中，教师能够借助数字化工具与资源，实现教学方法的创新、教学内容的优化以及教学评价的多元化，全方位提升音乐教学的质量与效果，为学生的音乐素养发展与综合素质提升提供有力支撑，推动小学音乐教育在数字化浪潮中实现高质量、可持续的发展。

（三）构建沉浸式教学情境

音乐作为一门诉诸情感与直觉的艺术形式，其流淌着灵动的感性光辉；而大单元教学设计理念，则仿若一座架构严谨的思维大厦，彰显出鲜明的理性特质。在学生探索音乐知识的漫漫征程中，着力培育其音乐才能与逻辑思维固然犹如基石般关键，然而，倘若教师在教学过程中过度聚焦于这些理性层面的领域，却对学生音乐感悟力与体验感的拓展有所忽视，如同顾此失彼的行者，将会给教学成效带来不尽如人意的负面效应。

为学生提供丰富的数字学习资源和便捷的学习工具。通过引入 AI 技术，打造智能教室、在线学习平台等，使学生能够随时随地获取所需知识。根据学生的学习数据和行为习惯，智能推荐相关学习资源和课程，提供定制化的学习内容、进度和方式，使得学习更加高效和有针对性，满足不同学生的学习需求，激发学生的学习兴趣和潜力，提升学习效果。通过营造 AI 学习环境，培养学生的数字素养，最终提高学生主动学习、终身学习的习惯和能力。

在音乐课堂这片充满活力与激情的教学天地里，教师需宛如平衡大师，巧妙地兼顾理性与感性的天平，做到"鱼与熊掌兼得"。具体而言，教师应深谙结合音乐作品独有的特质去精心创设逼真且富有感染力的情境之道，充分释放学生天马行空的音乐想象力，引领他们真正踏入音乐的奇幻世界，深切领悟、细腻感受音乐的灵魂，并勇敢地进行富有创意的音乐创编。

以教授《外婆的澎湖湾》这首经典歌曲为例，笔者在教学实践中毅然决然地

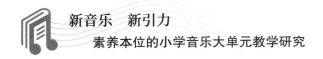

选取了创设情境这一教学妙法。在课前准备阶段，如同一位精心雕琢艺术品的工匠，悉心搜集并整理了一系列关于澎湖湾的高清精美图片以及鲜活生动的视频素材。当课堂的序幕缓缓拉开，这些凝聚着澎湖湾独特魅力的视觉盛宴在多媒体屏幕上徐徐展开，金色的沙滩在阳光的轻抚下熠熠生辉，湛蓝的大海如同一面无垠的宝石镜面，摇曳生姿的椰树仿佛在海风的吹拂下翩翩起舞，这般绝美的画面瞬间如魔法般将澎湖湾的迷人盛景鲜活地呈现在学生们那充满好奇与期待的眼前。随后，笔者宛如一位引导心灵之旅的领航者，轻声引导学生们轻轻闭上双眼，与此同时，轻柔的海浪声与海风呼啸声交织而成的音频在教室中悠然回荡，恰似一阵无形的微风，轻柔地吹拂着学生们的心灵之弦，让他们仿佛瞬间穿越了时空的隧道，置身于澎湖湾那片如梦如幻的海边。他们仿佛能真切地感知到细腻柔软的沙子如调皮的精灵般从脚趾间悄然滑过，那带着海洋特有气息的海风如同温柔的母亲之手，轻轻抚过他们的脸庞。在这般沉浸式的情境包裹之下，学生们的心灵与歌曲所描绘的场景深度交融，他们如同化身为歌曲中的主角，更加透彻地理解了歌曲中所蕴藏的对外婆那如潺潺溪流般绵延不绝的思念之情，以及对那段一去不复返的童年美好时光的深深眷恋与缅怀之意。当他们开启演唱之旅时，那歌声不再是机械的音符组合，而是饱含深情的心灵倾诉，他们的表情和动作也仿佛被注入了灵魂，自然而流畅地展现出一个在澎湖湾度过快乐无忧童年的孩子形象，整个演唱过程充满了感染力与生命力，令人动容。

（四）汇聚人工智能教育资源

在小学音乐教育领域，人工智能的深度应用正引发一场全方位的教学变革，其影响力贯穿学习内容的重构、学习方式的创新、人才培养模式的转型以及办学形态的重塑等多个层面。通过打造沉浸式的 AI 交互课堂，学生能够与智能教学系统进行实时互动，获得个性化的学习体验；营造富有科技感的 AI 学习环境，激发学生的学习兴趣与创造力；建立精准高效的 AI 评价体系，为教师提供全面、客观的教学反馈，助力精准教学；汇聚丰富的 AI 教育资源，打破传统教学资源的局限，为学生提供多元化的学习素材；搭建便捷的 AI 服务平台，实现教学管理与服务的智能化升级。

以提升教育质保能力、促进学生发展为目标，探索人工智能技术加持下更加科学健全的教育教学评价新体系。打破传统教学评价主要依靠调查问卷、督导听课、学生评教等偏主观、粗粒度的评价形式，探索全数据、跨部门、全覆盖的教学评价新方法。根据课堂教学行为、学生学习动态、校园学习生活等，通过 AI 分析和多维综合研判，帮助师生构建数据多元集成与创新应用的教学评价新体系。

不断建大建优数字化、智能化教育资源"蓄水池"，努力提升人工智能技术应用的场景与效能。持续建设优质数字化教育资源，打破时间、空间、地域局限，推动实现全球教育资源共享，支持终身学习；将数字化资源汇聚形成优质语料、知识点、过程记录、学习行为记录等，为人工智能技术应用提供高质量数据基础，开展深度学习分析和个性化学习推荐，支持自主学习；通过虚拟现实和增强现实技术叠加数智教学资源，持续推动教学方法创新，为师生提供沉浸式教学体验，提升学习兴趣。

这一系列创新举措共同构建了人工智能赋能教学改革的中国范式，不仅为小学音乐教育注入了新的活力，也为全球教育领域的数字化转型提供了可借鉴的经验。在这一范式引领下，小学音乐教育将迈向更加智能化、个性化、高效化的未来，为培养适应数字时代需求的创新型音乐人才奠定坚实基础，推动教育事业在科技赋能下实现高质量、可持续发展。

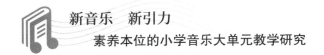

第三节

学生差异的尊重：个性化学习路径的设计

大单元教学强调整体性和连贯性，但学生的学习进度和兴趣各不相同，如何兼顾全体并确保每个学生都能在大单元中找到自己的学习节奏和兴趣点，是教师需要解决的问题。

一、各学段学情特征

小学低年级的学生主要依赖直观的思维方式，他们充满好奇心，活动能力强，具备较强的模仿能力，但注意力集中时间相对有限。教师在教学过程中应充分考虑这些特点，善于利用学生们的灵活身体和嗓音进行教学，并将音乐、舞蹈等多种艺术形式融会贯通，以迎合学生多样化的学习需求，并将富有戏剧性的互动游戏巧妙融入教学过程中，以此点燃学生们的学习激情，提升他们的音乐表现与创作能力。思维以形象思维为主，爱跳、爱唱、爱动，模仿性强，他们喜欢音乐课程中的律动、游戏环节，喜欢与其他同学合作来完成一项学习任务。但他们年龄小、自律性差，对音乐知识的掌握、欣赏能力的鉴别还比较陌生。

一年级学生刚步入小学生活，具有好奇好动、爱唱爱跳爱模仿的特点，听觉、动觉、视觉，触觉都处高速发展阶段，学习活动设计要更注重幼小衔接，在突出音乐性的基础上更趣味化、生活化、情境化、综合化。学生行为习惯较刚入学时进步较大，初步建立了规则意识和合作意识，学习目的性也有所增强，整体音乐素养有所提升。二年级学生活泼好动，对音乐有着浓厚的兴趣，已具备演唱简短歌曲的能力，并认识一些基础的节奏，具备基础的音乐聆听习惯、歌唱习惯和合作表演习惯。对涉及的音乐曲目能够熟练掌握歌曲的情绪以及相关的音乐表演。通过情境创设、游戏等趣味化的教学手段，能够激发学生学习兴趣，培养学生良好的音乐学习习惯，丰富学生音乐素养，提高学生体验音乐、表现音乐的能力。

小学高年级的学生学习态度积极，思维敏捷，接受能力较强，已经具备了较为基本的音乐欣赏、描述以及表现的能力，体验、感受与探索创造的活动能力增强，但是学生平时对曲艺接触较少，京剧方面积累的知识略显单薄，所以结合学生的身心发展和审美心理特征，激发和培养学习音乐的兴趣，通过图片、音频、视频、微课等不同方式的数字信息化手段，更好地引导他们通过听、念、唱、做、说、演等富有创造性的音乐活动，让学生走进国粹京剧，感受京剧的艺术魅力。同时，高年级的学生有较为丰富的情感体验，具备较为完整的音乐学习能力，能够积极参与到聆听、演唱、律动、表演、集体音乐创作等方面的艺术活动当中，能感知、辨别音乐节拍的不同和其他常见的音乐表现要素，对于音乐主题及乐句、乐段的重复与变化能较为敏锐地进行捕捉。

二、探索个性化教学模式

在小学生身心发展的不同阶段，教师要善于运用大单元音乐教学为学生情感和想象力的开发创造条件，利用丰富多彩的教学形式促进教学内容的整合。通过对音乐作品蕴含情感的体会和感悟，从而实现情感的共鸣。

在听、唱、奏、舞、创等音乐实践活动中体验音乐的情绪，感知、表现中西方过新年的快乐，初步了解中国新年音乐基本特征，初步感受中西音乐文化的不同，唤起爱国、爱家乡的情感。本节课笔者根据单元内容的要求，结合本节课的特点主要采用趣味性和互动性的音乐教学方法。通过模仿、游戏、动画、实物展示等吸引学生的注意力，帮助他们在实践中掌握音乐新知识。

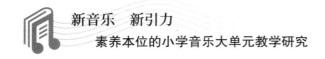
在大单元音乐教学模式下，教师肩负着对教学内容进行深度提炼与精准分析的重任，同时扮演着教学设计与教学过程组织者的角色。教师应巧妙地将课堂主导权转移给学生，使其成为教学活动的主体，积极引导学生融入音乐氛围，通过增加音乐体验与实践环节，让学生在愉悦的教学氛围中全身心投入音乐知识的学习。音乐教学的价值远不止于教授学生演唱几首歌曲，它更是一种能够触动人心、引发情感共鸣的艺术形式。通过旋律的流动，音乐能够潜移默化地陶冶学生的情操，其独特魅力在于为学生带来内心与精神层面的愉悦享受。

大单元教学的实施，不仅丰富了学生对音乐知识的多维度理解，还巧妙地将爱国主义思想与情怀无声渗透于教学过程之中。这种教学模式充分展现了其独特优势，有效地将情感教育与德育教育有机融合于音乐教学的各个环节。在音乐的熏陶下，学生的思想道德得到显著升华，从而从小树立起正确的人生观与价值观。通过这种方式，大单元音乐教学积极促进了学生音乐综合素养的全面提升，为学生的全面发展奠定了坚实基础，使音乐教育在培养学生审美能力的同时，也承担起塑造学生品格与精神的重要使命。

在小学音乐教学实践中，教师需充分认识到不同年龄阶段学生对音乐感知能力的差异性，并据此进行精准的教学设计。低年级学生通常表现出活泼好动、注意力集中时间较短、形象思维占主导等特点。因此，在教学设计时，教师应在遵循教材的基础上，巧妙融入富有吸引力的小故事，采用律动性较强的教学方法，如音乐游戏、节奏操等，以激发学生的兴趣，增强其对音乐的感知与体验，使学生在轻松愉快的氛围中掌握音乐知识与技能。

随着学生进入较高年级，其身心发展呈现出新的特点，如注意力集中时间延长、理性思维逐渐增强等。此时，教学方式应与时俱进，与学生的身心发展相匹配，以促进教学层次的提升。教师可采用小组合作教学模式，精心设计合作学习任务，引导学生在小组内进行音乐创作、表演、欣赏与讨论等活动。通过这种方式，不仅能够促进学生对音乐的深度参与与融合，还能有效培养学生的合作能力、交流能力以及批判性思维，为学生的全面发展奠定坚实基础。同时，教师应密切关注学生在小组合作过程中的表现，及时给予指导与反馈，确保合作学习的有效性与针对性，使每个学生都能在合作中获得成长与进步，实现音乐素养的全面提升。

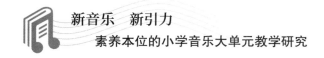
第四节

◆ ───────────────────────────────

评价体系的转型：多元评价与成长激励

近年来，教育领域对教学质量的关注度持续攀升，教学质量测评体系作为衡量教学质量的关键工具，其重要性愈发凸显，因而受到了教育界广泛而深入的关注与研究。构建科学合理的教学质量测评体系，对于推动教育教学的改革与发展、提升教育质量具有深远的战略意义。在音乐教育这一特殊领域，中小学音乐课堂肩负着培养学生音乐素养与审美能力的重任，是音乐教育体系的核心环节。因此，对中小学音乐课堂教学质量的精准评估显得尤为关键，它直接关系到音乐教育目标的达成与学生音乐素质的提升。

深入研究中小学音乐课堂教学质量测评体系的建构，旨在为音乐教育实践提供科学的指导框架与有效的评估手段。这不仅有助于规范音乐教学行为，提升教学的科学性与有效性，还能为教育决策提供有力的数据支持，从而进一步促进中小学音乐教育的健康发展，推动教育现代化进程，提升整个教育领域的现代化发展水平。

与此同时，评价体系的改革已成为教育领域亟待突破的瓶颈问题。传统的评价方式往往侧重于结果的量化考核，难以全面、准确地衡量大单元教学的综合效果，尤其是在评估学生的音乐素养发展、学习过程以及综合能力方面存在明显局限。因此，迫切需要构建一套新型的评价机制，该机制应能够充分反映学生在音乐学习过程中的成长与进步，注重对学生音乐素养的全方位发展进行评估，涵盖知识技能、审美情感、创造力等多个维度。通过这种以过程为导向、以能力为核心的评价体系，能够为音乐教育的持续改进提供精准的反馈，引导教师优化教学策略，激发学生的学习潜能，实现音乐教育从传统模式向现代化、个性化教育的转变，为培养具有创新精神和实践能力的音乐人才奠定坚实基础。

一、大单元提升评价的全面性

音乐作为一门艺术，不仅能够激发人们的情感和创造力，还能培养学生的审美能力和综合素质。为了更好地提高中小学音乐教学的质量，人们逐渐意识到需要建立一个全面性的评价体系。这个体系应该具备多方面的特点，以确保对学生综合能力的全面评估，为学生的音乐发展提供有力支持。

首先，全面性特点要求评价体系覆盖音乐教学的各个方面。音乐教学并不仅仅是歌唱和演奏，还包括音乐欣赏、音乐理论等多个方面。一个全面性的评价体系应该能够评估学生在各个领域的表现，如声乐技巧、乐器演奏技能、音乐分析能力等。只有这样，才能真正了解学生的综合音乐能力，为他们的进一步发展提供有针对性的指导。

其次，全面性特点要求评价体系注重发展学生的创造力。音乐是一门艺术，强调的是创造与表达能力。一个好的音乐评价体系应该能够评估学生在音乐创作和即兴表演等方面的能力，并给予适当的鼓励和指导。通过这样的评价体系，学生可以得到更多的机会去发展自己的创造潜力，培养表现自己的勇气和技巧。此外，全面性特点还要求评价体系关注学生的情感体验，音乐是一个能够直接触动人心的艺术形式，能够唤起人们的情感共鸣。一个全面性的评价体系应该能够评估学生在音乐欣赏和表演过程中的情感体验，并给予相应的评价和反馈。通过这样的评价体系，学生可以更深入地理解音乐的情感表达，培养对音乐的热爱和情感投入。

最后，全面性特点要求评价体系注重学生的综合素质发展。音乐教育强调的

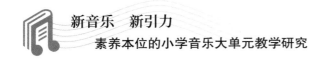

是培养学生的全面素质,而不仅仅是音乐技能。一个全面性的评价体系应该能够评估学生在音乐教育中的品德修养、合作意识、沟通能力等方面的表现。这样的评价体系能够帮助学生在音乐教育中全面发展,使他们成为具有道德情操和社会责任感的艺术人才。

音乐课堂不再是单纯的知识测试,而是贯穿整个教学过程,关注学生的学习过程和进步,如人音版五年级上册第二单元"红色印记",设计以目标为导向,以实践为驱动教学评一致性的评价表。这样的评价方式有助于学生自我反思,提升学习效率,同时也促进了教师的教学改进。在大单元教学实践过程中,我们始终关注学生的需求和兴趣,结合课程内容设计富有挑战性和趣味性的活动,使得学生在音乐学习过程中保持积极的心态,充分挖掘自身潜力,实现了音乐教育的全面发展。

表7-1 "红色印记"单元学习评价表

评价目标	评价内容	评价标准	评价方式
音乐活动参与度	兴趣	★经提示能够参与	课堂观察 教师评价
		★★较积极参与	
		★★★积极主动参与	
1.听辨歌曲主题划分乐段 2.分辨歌曲地方风格特点 3.区分演唱形式	聆听体验	★经帮助能参与聆听与表达	自评 互评 师评
		★★较积极地参与聆听和表达	
		★★★积极参与聆听和表达	
演唱活动	艺术表现	★基本准确演唱	自评 互评 师评
		★★准确演唱	
		★★★能自信独唱或与同伴进行合唱	
情景表演	艺术表现 创意实践	★经帮助进行表演	自评 小组评 师评
		★★基本表现出情景表演的内容	
		★★★选用不同的形式进行情景表演,合作完成综合表演	

二、大单元促进评价的动态性

动态性特点是中小学音乐课堂教学质量测评体系中一个非常重要的方面。音乐课堂教学是培养学生对音乐的兴趣和审美观的重要途径之一，而教育评估则是判断教学质量和改进教学方法的重要手段。而动态性特点的引入，使得音乐课堂教学质量测评体系更加有针对性、灵活性和科学性。

首先，动态性特点使得音乐课堂教学质量测评体系更加有针对性。随着学生的年级增长和知识水平提升，他们对音乐的理解和欣赏也会有所变化。因此，仅仅依靠静态的测评标准和方法来评价教师的教学效果是不够的。通过引入动态性特点，可以根据学生的不同阶段和需求，灵活调整评价标准和方法，使其更贴近学生的学习和发展。

其次，动态性特点使得音乐课堂教学质量测评体系更具灵活性。教学活动是一个不断变化的过程，而静态的评价标准往往无法完全适应这种变化。通过动态性特点的引入，教师可以根据实际情况进行及时调整和优化教学方法和内容，以提高学生的学习效果。同时，教师还可以根据学生的表现和反馈，及时进行调整和改进，以实现教学目标。

最后，动态性特点使得音乐课堂教学质量测评体系更加科学性。动态性使得教师可以根据教学过程中的实际情况，收集和分析学生的学习数据，并结合科学的评价方法进行评估。这样，教师可以更加客观地了解学生的学习情况和问题所在，从而采取相应的教学策略和措施。同时，动态性还使得评价结果更加准确和可靠，为教师和学生提供更有价值的反馈信息。

三、细化评价标准，实施单元评价

评价是教学中十分重要的一环，它可以检验学生的学习目标达成情况，分析学生学科核心素养的发展情况，同时也能够评估学生对大概念的理解及应用程

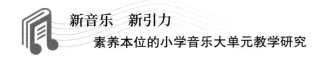

度。所以，教师应该细化评价标准，增强教学评价的科学性，实施科学合理的单元评价活动，达成对学生多维、立体的分析与评价。

比如，教师在对人音版四年级上册"家乡美"这一单元教学活动展开评价时，要聚焦单元教学目标，设计契合核心素养的教学评价标准，综合分析学生审美感知、艺术表现、创意实践及文化理解等素养的生成过程，以此为基础提高评价标准的统领性与科学性。再比如，教师在对人音版六年级上册"悠扬民歌"这一单元教学活动展开评价时，应该聚焦三项活动内容，综合分析学生演唱、表现、创编等三项音乐技能的发展情况，以此设计自我评价及小组成员互评环节。学生则聚焦具体的活动内容，综合分析自身学习目标的达成情况，而后根据组内活动的具体情况进行互相评价，进一步提高评价内容的客观性与全面性，使评价标准趋于完善。

如上，教师在实施单元评价时聚焦教学目标及学生的活动情况，始终让学生处于主体地位，成为课堂学习的主人。而学生也将在立体、多元、多维的评价体系中深入理解音乐内容，达成对大概念的解读，实现深度学习。

依据《义务教育艺术课程标准（2022年版）》的新理念，小学音乐教学应始终坚持以美育人，重视艺术体验，突出课程综合的原则，突出艺术核心素养，促进学生全面发展。大单元教学在依托新课标的背景下，将使得音乐课堂变得更加具体化，多元化。围绕大单元教学设计展开的单元教学将使得内容更加紧密，依托更多的真情实感，从而提高音乐课的教学效率。大单元教学模式在音乐教育中的实践应用，不仅革新了教学方式，提升了教学效果，更关键的是为培养学生的音乐素养和终身学习能力提供了有力的支持。通过这种方式，音乐课堂成为学生探索、实践和成长的舞台，充分体现了教育的本质和价值。

后 记

　　在教育的长河中，教学模式的更迭与发展始终围绕着一个核心目标：助力学生实现更优发展。音乐学科亦不例外，大单元教学模式的兴起并非对传统单课时教学的摒弃，而是在汲取传统教学精华、突破其局限后的创新升华。

　　回望现代基础教育发展路径，传统单课时教学犹如音乐教育的基石，为学生奠定了初步的音乐知识与技能基础。它以单课为单元，细致地传授乐理知识、歌唱技巧、乐器演奏等内容，使学生逐步构建起音乐学习的基本框架。随着教育理念的演进与学生需求的变化，其局限性逐渐显现。单课时教学往往侧重于知识点的碎片化传授，缺乏对音乐知识体系的宏观构建与深度整合，难以让学生全面、系统地领略音乐的魅力与内涵。

　　大单元教学模式则有效地弥补了传统单课时教学方式的短板，如同一座灯塔，在音乐教育的海洋中为师生指引新的方向。它以大主题或大任务为核心，将相关音乐知识、技能、情感与文化等要素有机整合，形成一个完整且富有逻辑的教学单元。

　　在以核心素养为导向的大单元教学视角下，教师不再孤立地教授某一首歌曲或某一种乐器，而是围绕单元宏大主题，系统地整合不同跨时代、跨民族的音乐风格、代表性乐器、文化背景以及历史传承等多方面内容。学生在这样的学习过程中，仿佛踏上了一段穿越时空与地域的音乐之旅，全面深入地了解音乐的丰富多样性，感受其独特的艺术魅力与文化底蕴，从而构建起更为完整、系统的音乐知

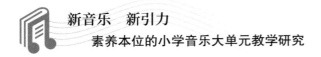
识体系，提升音乐综合素养。

集合多位教育专家与教师的研究智慧，本书从多角度深入探讨了小学音乐大单元教学模式的理论基础、实践路径及优化策略等，系统地阐述了如何通过精心的教学设计与全面的教学评价过程，着力培养学生的音乐核心素养，强调突出教学活动的整体性、系统性与综合性。

在小学音乐学科中，实施大单元教学的整体方向与基本途径离不开以核心素养为基础，以课程标准为依据，深化单元主题内容，吃透教材，梳理单元结构，找到关联的单元主题线，熟悉本单元的主题内容，拓展相关音乐教学资源，将教材内容结构化；依据大单元教学目标，以单元主题内容为明线，以音乐知识技能为暗线，将教学目标层次化；突出"表现性评价"，融合评价目标、评价内容、评价标准和评价方式，实现教学评一致性；以形式多样的音乐实践活动，引导学生主动参与，培养学生感受美、欣赏美、表现美、创造美的能力，提升核心素养，达成最终形成大单元化的设计和实施全过程。

对于新老教师而言，要成功实施这一教学模式，应深入研习学科素养与课程标准，精准把握教学目标与要求。在此基础上，对现有教材进行深度剖析与整合，充分挖掘教材内涵，确保教学内容的科学性与适切性。同时，教师要紧密结合学生的身心特点、学习风格以及教学内容的具体要求，灵活选择恰当的单元类型与教学方法。

在核心素养的教育理念指导下，小学音乐大单元教学设计与实践作为一种创新的教学模式，旨在推动音乐教育向更加全面、深入的方向发展，从而有效提升了学生的音乐综合素质，为培养适应未来社会需求的创新人才奠定了坚实基础，也为教师提供了崭新的教学思路，带来了前所未有的挑战与机遇。